国家社科基金视角下学科发展研究

张国禄　闫泽宇　著

河北大学出版社
·保定·

国家社科基金视角下学科发展研究

出 版 人：朱文富
责任编辑：张　磊
装帧设计：杨艳霞
责任校对：刘景坤
责任印制：常　凯

图书在版编目（CIP）数据

国家社科基金视角下学科发展研究 / 张国禄，闫泽宇著．-- 保定 ：河北大学出版社，2021.12
ISBN 978-7-5666-1996-9

Ⅰ．①国… Ⅱ．①张… ②闫… Ⅲ．①社会科学－学科发展－研究－中国 Ⅳ．① C12

中国版本图书馆 CIP 数据核字（2021）第 269485 号

出版发行：河北大学出版社
地址：河北省保定市七一东路 2666 号　邮编：071000
电话：0312-5073019　0312-5073029
邮箱：hbdxcbs818@163.com　网址：www.hbdxcbs.com
经　　销：全国新华书店
印　　刷：永清县晔盛亚胶印有限公司
幅面尺寸：170 mm × 240 mm
印　　张：12.25
字　　数：160 千字
版　　次：2021 年 12 月第 1 版
印　　次：2021 年 12 月第 1 次印刷
书　　号：ISBN 978-7-5666-1996-9
定　　价：48.00 元

前　言

1986年，经国务院批准，我国设立了国家社会科学基金项目（以下简称“国家社科基金”），并由全国哲学社会科学工作办公室负责管理。经过多年的发展，国家社科基金已涵盖哲学、应用经济、中国历史、中国文学等23个学科，以及教育学、艺术学、军事学等3个单列学科，已经形成重大项目、年度项目、青年项目、西部项目、后期资助项目、中华学术外译项目、特别委托项目、专项工程等资助体系。

2016年5月17日，习近平总书记在哲学社会科学工作座谈会上指出：“哲学社会科学是人们认识世界、改造世界的重要工具，是推动历史发展和社会进步的重要力量，其发展水平反映了一个民族的思维能力、精神品格、文明素质，体现了一个国家的综合国力和国际竞争力。”国家社科基金是我国哲学社会科学领域最具权威性、导向性和示范性的项目，代表了我国重大理论问题和实践问题的研究方向。对其进行分析，可以了解我国哲学社会科学各门学科的发展现状、研究热点及发展趋势。

本书以国家社科基金2011至2020年马列・科社、党史・党建、哲学、理论经济、应用经济、政治学、社会学、法学、国际问题研究、中国历史、世界历史、考古学、民族问题研究、宗教学、中国文学、外国文学、语言学、新闻学与传播学、人口学、统计学、图书馆·情报与文献学、体育学、管理学等23个学科的立项数据为研究对象，运用科学的研究方法，从项目立项数量与占比情况、项目立项类型与占比情况、项目承担单位情况、立项地区分布情况、项目立项题目等方面依次对23个学科进行分析，以期揭示各学科的发展现状、趋势和研究热点，并为哲学社会科学工作人员提供一些参考。需要说明的是，本书未对教育学、艺术学、军事学等3个单列学科进行分析研究。

本书所分析的数据来源于国家社科基金科研创新服务管理平台，通过平台的“项目查询”功能，检索2011至2020年23个学科的基本数据。再通过Python数据爬取软件爬取标题信息，生成文本，得到包括项目批准号、项目类别、学科分类、项目名称、立项时间、项目负责人、专业职务、工作单位、单位类别、所在省区市、所属系统、成果名称、成果形式、成果等级、结项时间、结项证书号、出版时间、作者、获奖情况等字段内容。需要说明的是，通过爬取得到的2011至2020年的数据共计5万余条，数据量巨大且较为繁杂，需要人工进行判读及整理。所爬取数据存在几个问题：一是存在数据重复的情况，一个项目可能出现3条或4条信息，需要对数据进行整理、合并、删除；二是存在信息不完整的情况，需要通过人工手段进行补充，如补充未更新的2020年度部分数据、补充缺失的“学科分类”信息、补充缺失的“项目承担单位的省份信息”；三是数据中存在单位信息不统一的情况，为方便后期分析需要人工进行统一，如爬取的数据中有“北京大学法律学系”“北京大学对外汉语教育学院”“北京大学比较文学与比较文化研究所”等名称，需人工统一为“北京大学”，又如，由于我国教育体系的改革，部分高校有更名、合并的情况，像“安庆师范学院”如今已变更为“安庆师范大学”，这种情况同样需要人工进行统一。

本书采用以下研究方法对整理、清洗后的数据进行分析研究。

一是图表分析法，图表分析法是利用统计图表形式显示社会现象，并从各方面比较、分析和研究社会现象的量的变化及其规律性的一种分析方法。本书通过Excel对收集的数据进行汇总和统计分析，绘制统计表和统计图，分析项目的外部特征。

二是文献计量法，文献计量法是采用统计学和数学的定量分析方法研究文献的基本特征。本书采用文献计量法对项目立项数量与占比情况、项目立项类型与占比情况、项目承担单位情况、立项地区分布情况等进行分析，揭示其分布结构和规律。

三是对比分析法，对比分析法是把客观事物加以比较，以达到认识事物的本质和规律，并做出正确的评价。本书通过对比分析法分析各学科在立项数量、地区分布等方面的差距，从而对该学科的发展情况做出更加客观的评价。

四是词频分析法，词频分析法是利用能够解释或表达文献核心内容的关键词或主题词在某一研究领域文献中出现的频次高低来确定该领域研究热点和发展动向的方法。本书采用词频分析法对项目的立项题目进行分析研究，通过谷尼舆情图热词分析工具进行分析，提取热词词频和热词权重，绘制热词权重图，图中字号大小代表权重大小，字号越大表示权重越大，即是学者关注的热点领域。

本书共分为3章，由张国禄和闫泽宇共同创作完成，其中张国禄负责第三章的撰写，共计14万字；闫泽宇负责第一章、第二章的撰写，共计2万字。第一章主要是探索国家社科基金的发展历程，从设立、发展、繁荣3个时期对国家社科基金进行探讨；第二章主要是对国家社科基金项目立项情况的总体分析，从总体上把握2011至2020年各学科的发展历程；第三章主要是对各学科的发展趋势与热点的研究，共分为23个章节，依次对23个学科进行分析研究。

作者

2021年11月

目　录

第一章 国家社会科学基金发展历程

国家社科基金是我国哲学社会科学最高水平的科研项目，是最能反映国家意志、体现社会发展形势的项目，自开设国家社科基金以来，我国的整体学术水平得到了极大的提高。在发展过程中，国家社科基金经历了设立、发展、繁荣3个历史阶段。

第一节 20世纪80年代：国家社会科学基金的设立

20世纪80年代是国家社科基金的设立阶段。早在20世纪80年代初期，中国社会科学院就已经设立了专款资助社会科学研究工作。到1986年5月，中国社会科学院根据中共中央的文件精神，向国务院提交了《关于设立社会科学基金的请示报告》，并得到了中央和国务院领导同志的支持。1986年9月，财政部拨发了第一笔基金。同年10月，成立了国家社会科学基金会（National Social Sciences Foundation），由全国哲学社会科学规划领导小组代行基金委员会之责，并由中国社科院院长胡绳同志主持召开了全国哲学社会科学规划领导小组会议，正式决定把基金名称定为“国家社会科学基金”，同时通过了《国家社会科学基金暂行条例》。

根据实际情况，基金会设立了16个学科基金组，即马克思主义研究、哲学、经济学、政治学、法学、中国古代史、中国近代史、世界史、考古学、文学、外国文学、语言学、宗教研究、民族研究、社会学和国际问题研究。有260余位学者、专家参加了学科基金组的工作，基金会还聘请了临时的学者、专家参与学科基金组工作或成立临时评审组审议申请课题。学科基金组的主要任务是制定本学科的基金课题指南、对本学科的申请课题进行评审等。基金会设立了办公室负责处理日常事务，由中国社会科学院科研局代行其职。自此，国家社科基金的管理单位、管理办法、学科分类初步形成。

第二节　20世纪90年代：国家社会科学基金的发展

20世纪90年代，国家社科基金得到了不断发展。1991年，中共中央决定在全国哲学社会科学领导小组下设全国哲学社会科学规划办公室（后于2018年改为全国哲学社会科学工作办公室）专门负责管理国家社科基金。

20世纪90年代初，《哲学社会科学“八五”（1991—1995年）国家重点课题规划》制定出台。“八五”重点课题的设置不仅考虑了现实的需要，而且着重加强了基础研究，适当填补学科空白，积极扶持新兴、边缘、交叉性学科，促进哲学社会科学的全面发展，带动队伍建设。

1996年，在第三次全国哲学社会科学规划领导小组会议上，明确了“九五”期间哲学社会科学研究的主要任务，进一步推动“八五”以来确立的哲学社会科学的任务和目标，具体目标指向了社会科学体系的内部建设。全国哲学社会科学“九五”规划明确指出了学科建设的重要性。

20世纪90年代，国家社科基金项目在学科建设上不断发展。

第三节　21世纪：国家社会科学基金的繁荣

进入21世纪，中国经济和社会文化进入了迅速发展时期，这一时期的国家社会科学基金各学科从基础研究、应用对策研究到跨学科、新兴研究，进入了快速发展、繁荣时期。

2004年，在《关于进一步繁荣发展哲学社会科学的意见》中，中共中央指出了哲学社会科学的建设目标，并提出了学科建设的要求，计划用10年左右的时间，努力建设一个具有时代特点、门类齐全且结构合理的学科体系，进一步加强哲学社会科学中新兴学科、交叉学科和传统学科的规划和建设。

目前，国家社科基金已经形成包括重大项目、年度项目、青年项目、西部项目、后期资助项目、中华学术外译项目、冷门“绝学”和国别史专项、成果文库等多个类别的资助体系。其中，重大项目主要资助中国特色社会主义经济、政治、文化、社会和生态文明建设及军队、外交、党的建设的重大理论和现实问题研究，以及对哲学社会科学发展起关键性作用的重大基础理论问题研究；年度项目包括重点项目和一般项目，主要资助对推进理论创新和学术创新具有支撑作用的一般性基础研究，以及对推动经济社会发展实践具有指导意义的专题性应用研究；青年项目主要资助培养哲学社会科学青年人才；西部项目主要资助涉及推进西部地区经济持续健康发展、社会和谐稳定，促进民族团结、维护祖国统一，弘扬民族优秀文化、保护民间文化遗产等方面的重要课题研究；后期资助项目主要资助哲学社会科学基础研究领域先期没有获得相关资助、研究任务基本完成、尚未公开出版、理论意义和学术价值较高的研究成果；中华学术外译项目主要资助翻译出版体现中国哲学社会科学研究的较高水平、有利于扩大中华文化和中国学术国际影响力的成果；特别委托项目主要资助因经济社会发展急需或者其他特殊情况临时提出的重大课题研究。

目前，国家社科基金共设立了26个学科（含3个单列学科），分别是马列·科社、党史·党建、哲学、理论经济、应用经济、政治学、社会学、法学、国际问题研究、中国历史、世界历史、考古学、民族问题研究、宗教学、中国文学、外国文学、语言学、新闻学与传播学、人口学、统计学、图书馆·情报与文献学、体育学、管理学、教育学、艺术学、军事学。26个学科中，除教育学、艺术学和军事学等3个单列学科分别由全国教育科学规划办、全国艺术科学规划办、全军社科规划办负责组织管理外，其余学科全部由全国哲学社会科学工作办公室负责管理。

目前，全国哲学社会科学工作办公室建立了完善的管理体系，印发了多项管理办法，现行与国家社科基金相关的管理办法主要有以下几个：一是《国家社科基金项目管理办法》，此《办法》于2013年5月修订，办法分为总则、组织与职责、项目与规划、申请与评审、资助与实施、监督与处罚、附则等7个章节，对基金的申请、评审、立项、中期管理、结题等方面做出了规定，《办法》的制定规范了国家社科基金的管理，在一定程度上促进了高水平成果及优秀社科人才的涌现，同时也对发挥国家社科基金的示范引导作用、推动我国哲学社会科学繁荣发展起到了重要作用；二是《国家社会科学基金项目资金管理办法》，此《办法》于2021年10月由财政部、全国哲学社会科学规划领导小组共同印发，《办法》根据国家财政、财务管理有关法律法规和中共中央办公厅、国务院办公厅印发的《关于进一步完善中央财政科研项目资金管理等政策的若干意见》，以及《关于优化科研管理提升科研绩效若干措施的通知》《关于改革完善中央财政科研经费管理的若干意见》而制定，规定了项目资金开支范围、预算制与包干制项目资金的管理、预算执行与决算、绩效管理与监督检查等方面的内容，最终目的是提高资金使用效益，更好地推动哲学社会科学繁荣发展；三是《国家社会科学基金后期资助项目实施办法（暂行）》，此《办法》由全国哲学社会科学工作办公室于2011年颁布，其目的是发挥国家社科基金在促进我国哲学社会科学繁荣发展的过程中的导向作用，鼓励广大社科研究者潜心治学，扶持基础研究的优秀成果，《办法》对后期资助项目的资助范围、申报条件、申报评审程序、结项、资助与出版等方面做了规定；四是《哲学社会科学科研诚信建设实施办法》，此《办法》于2019年7月由中宣部、教育部、科技部、中共中央党校（国家行政学院）、中国社会科学院、国务院发展研究中心、中央军委科学技术委员会等多个部门共同印发，《办法》根据中共中央办公厅、国务院办公厅印发的《关于进一步加强科研诚信建设的若干意见》而制定，目的是加强我国哲学社会科学的科研诚信建设，在全国范围内培育和践行社会主义核心价值观，弘扬科学精神，营造诚实守信的良好科研环境，培根铸魂，构建科学权威、公开透明的哲学社会科学成果评价体系。

当前，全国哲学社会科学工作办公室作为国家社科基金的管理单位，坚持以习近平新时代中国特色社会主义思想为指导，深入学习贯彻习近平总书记关于哲学社会科学工作的重要论述，认真落实中宣部部务会议和全国哲学社会科学工作领导小组的部署要求，积极团结和依靠全国社科界力量，聚焦加快构建中国特色社会哲学社会科学的战略任务，牢牢把握正确导向，大力促进学术创新，深入推进智库建设，积极加强阵地管理，为服务宣传思想工作大局、服务党和国家工作大局做出贡献。

第二章　国家社会科学基金立项情况总体分析（2011—2020）

本章以2011至2020年立项的国家社科基金项目为研究对象，从立项数量情况、各项目类型立项数量及趋势、各项目类型立项数量占比情况、各地区立项数量分布情况、各学科立项数量分布情况等5个方面对国家社科基金的立项情况进行总体分析。

需要说明的是，在统计各地区的立项情况时，新疆生产建设兵团、军队系统（含所属高校）、党校系统、社科院系统、国家机关所立项目未统计在各地区的立项数据之中；因国家社科基金的重大项目多为交叉学科项目，在对各学科立项数量进行统计时未对其进行统计。

第一节　国家社会科学基金立项数量情况分析

本节对2011至2020年国家社科基金项目的立项数量进行统计分析，绘制出国家社科基金2011至2020年立项数量情况图（图2-1），以体现10年间的立项数量情况与发展趋势。

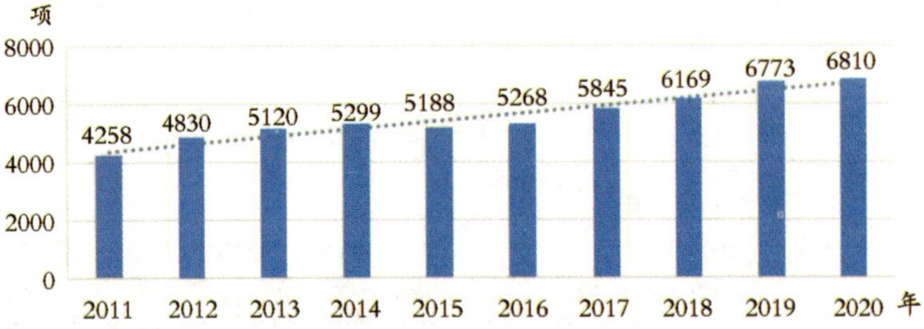

图2-1　国家社科基金2011至2020年立项数量情况图

如图2-1所示，国家社科基金的立项数量大体可分为3个阶段：第一个阶段为2011至2012年，立项数量在4000至5000项之间；第二个阶段为2013至2017年，立项数量在5000至6000项之间；第三个阶段为2018至2020年，立项数量在6000项以上。

总体来看，国家社科基金的立项数量呈上升趋势，从2011年的4258项增至2020年的6810项，立项数量增长了59.93%。这反映出国家社科基金的覆盖面和影响力不断扩大，导向性、权威性和示范作用越来越明显。

第二节　国家社会科学基金各项目类型立项数量及趋势分析

本节对2011至2020年国家社科基金项目的各项目类型立项数量情况进行分析研究，绘制出国家社科基金2011至2020年各项目类型立项数量及趋势图（图2-2），以体现10年间各项目类型立项的数量及发展趋势。

如图2-2所示，2011至2020年8种项目类型的立项数量及趋势如下：

重大项目的立项数量总体呈上升趋势，由195项增至338项，2011至2015年的立项数量波动较大，2016年后趋于稳定。重大项目的总体立项数量排名第六，仅高于中华学术外译项目和成果文库。

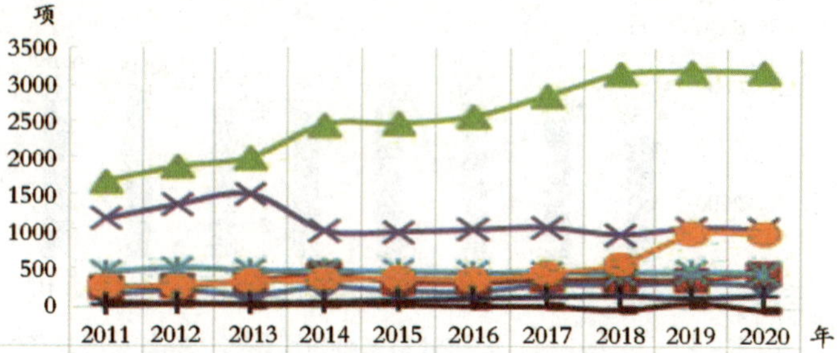

	2011	2012	2013	2014	2015	2016	2017	2018	2019	2020
重大项目	195	250	192	295	248	240	331	339	364	338
重点项目	282	293	370	462	347	341	385	397	392	497
一般项目	1695	1897	2021	2465	2475	2572	2850	3144	3184	3184
青年项目	1193	1397	1533	1043	1027	1061	1096	1001	1094	1079
西部项目	485	542	507	505	498	480	492	490	499	496
后期资助项目	293	312	374	384	423	398	487	613	1008	1021
中华学术外译项目	40	73	67	86	112	138	165	185	153	195
成果文库	72	66	56	59	58	38	39	0	78	0

图2-2　国家社科基金2011至2020年各项目类型立项数量及趋势图

重点项目的立项数量总体呈上升趋势，由282项增至497项，2011至2014年的立项数量逐步增长，2015年的立项数量开始回落，到2019年处于平稳状态，2020年的立项数量有所突破，达到497项，为近年来的最高值。重点项目的总体立项数量略高于重大项目，排名第五。

一般项目的立项数量一直处于上升趋势，且上升趋势非常明显。2014年较2013年的增长数量最多，增长了444项，2018至2020年的立项数量趋于平稳。一般项目的总体立项数量远远高于其他项目类型，排名第一。

青年项目的立项数量呈先升后降趋势，并逐步趋于平稳。2011至2014年的立项数量由1193项增至1533项，之后降至1043项，2015至2020年的立项数量趋于平稳。青年项目的总体立项数量低于一般项目，在所有项目类型中排名第二。

西部项目的立项数量总体变化不大，近年来在500项上下波动，最高立项数量为542项，最低立项数量为480项，分别出现在2012年和2016年。西部项目的总体立项数量高于重点项目，排名第四。

后期资助项目的立项数量总体呈上升趋势，尤其是2016至2019年的立项数量上升趋势明显，2019至2020年的立项数量趋于稳定。后期资助项目的总体立项数量高于西部项目，排名第三。

中华学术外译项目的立项数量呈平稳上升趋势，2011年的立项数量为40项，到2020年，立项数量达到195项。中华学术外译项目的总体立项数量较低，排在重大项目之后，排名第七。

成果文库的立项数量较少，且波动大，2018年与2020年无项目立项。成果文库的总体立项数量处于所有项目类型中的最后一位，排名第八。

第三节 国家社会科学基金各项目类型立项数量占比情况分析

根据2011至2020年国家社科基金项目的各项目类型立项数量情况，绘制出国家社科基金项目2011至2020年各项目类型立项数量占比情况图（图2-3）。

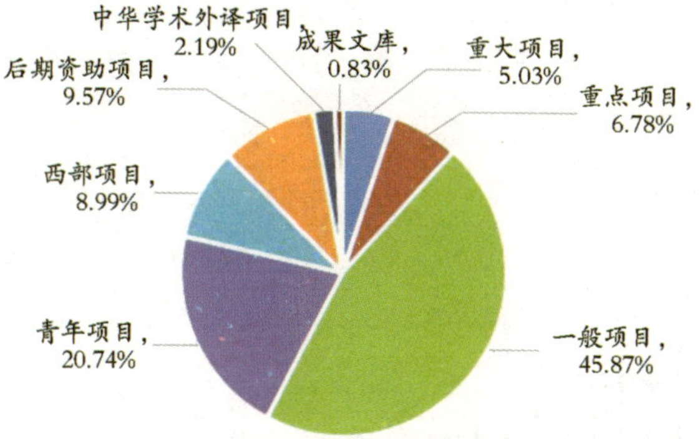

图2-3 国家社科基金2011至2020年各项目类型立项数量占比情况图

如图2-3所示，8种项目类型中，一般项目的立项数量占比为45.87%，是立项数量占比最高的项目类型；青年项目的立项数量占比为20.74%，排名第二；

后期资助项目的立项数量占比为9.57%，排名第三；西部项目的立项数量占比为8.99%，排名第四；随后是重点项目、重大项目、中华学术外译项目和成果文库。

通过分析可知，一般项目和青年项目的立项数量占比较高，这与国家注重培养青年学者是密不可分的；西部项目的立项数量占比为8.99%，这与国家鼓励设立西部项目，支持西部地区发展是密不可分的；重大项目的立项数量占比为5.03%、重点项目的立项数量占比为6.78%，占比均较低，这两类项目资助的是中国特色社会主义经济、政治、文化、社会和生态文明建设的重大理论和现实问题研究，代表着研究的热点、难点、焦点，立项难度较大。

第四节　国家社会科学基金各地区立项数量分布情况分析

通过对2011至2020年国家社科基金项目的立项数量进行统计分析，绘制出国家社科基金2011至2020年各地区立项数量分布情况图（图2-4），以体现10年间各地区承担项目的情况。

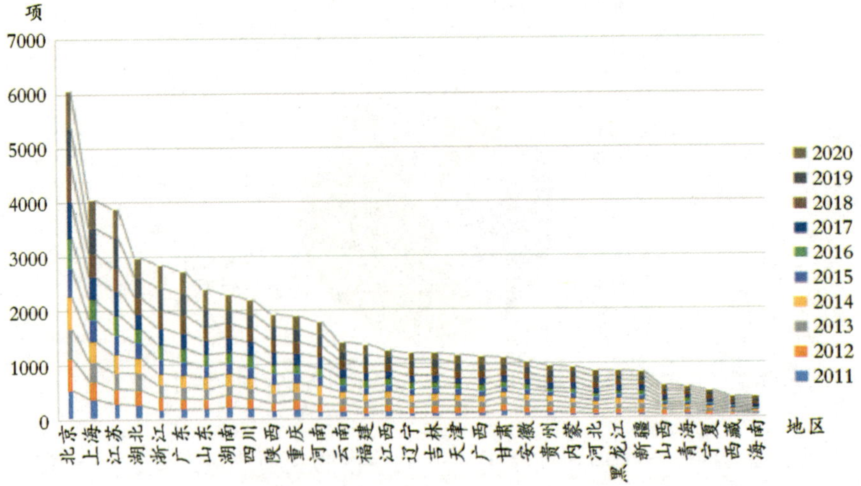

图2-4　国家社科基金2011至2020年各地区立项数量分布情况图

如图2-4所示，2011至2020年立项数量最多的是北京；上海与北京相差大约2000项，排名第二；江苏与上海差距不大，排名第三；立项数量较少的地区有山西、青海、宁夏、西藏、海南等，立项数量均不足1000项。

通过分析可知，各地区的项目承担能力与当地的经济水平密不可分，北京作为我国的政治、经济、文化中心，具有了解信息前沿和学科动态的先天条件，而且北京高校众多、人才聚集，这些条件使其能够承担更多的项目，而中西部地区经济相对落后，高校较少，人才缺乏，使其承担项目的能力较弱。

第五节　国家社会科学基金各学科立项数量分布情况

通过对2011至2020年国家社科基金项目的立项信息进行统计分析，绘制出国家社科基金2011至2020年各学科立项数量分布情况图（图2-5），以体现10年间各学科立项数量的分布情况。

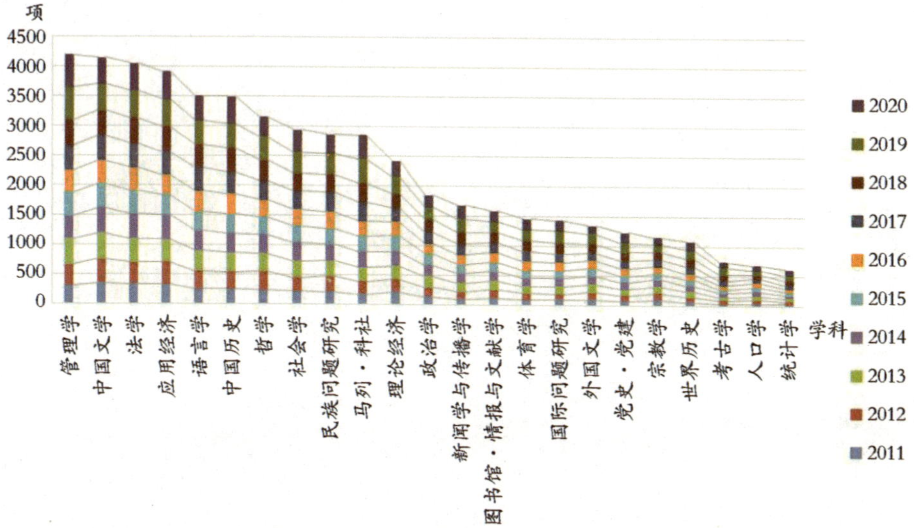

图2-5　国家社科基金2011至2020年各学科立项数量分布情况图

如图2–5所示，管理学、中国文学、法学、应用经济学的立项数量较多，属于大学科；语言学、中国历史、哲学、社会学、民族问题研究、马列·科社、理论经济的立项数量在2000至3500项之间，属于中等学科；政治学、新闻学与传播学、图书馆·情报与文献学、体育学、国际问题研究、外国文学、党史·党建、宗教学、世界历史的立项数量较少，属于中小学科；考古学、人口学、统计学的立项数量最少，不足1000项，属于小学科。

第三章　国家社会科学基金各学科发展趋势与研究热点（2011—2020）

本章从立项数量与占比情况、立项类型与占比情况、项目承担单位情况、立项地区分布情况、立项题目等方面依次对马列・科社、党史・党建、哲学等23个学科进行分析，客观阐述各学科的发展趋势与研究热点。

需要说明的是，本章是按照学科类型进行分析，但国家社科基金所立重大项目多涉及交叉学科，不便将其进行学科分类，所以本章在对各学科进行立项数量统计和立项类别分析时未考虑重大项目；另外，在分析立项地区分布情况时，新疆生产建设兵团、军队系统（含所属高校）、党校系统、社科院系统、国家机关等5个系统的立项数量未纳入31个省（市、自治区）的立项数量之中，而是进行单独统计，本章仅对31个省（市、自治区）的立项情况进行统计分析。

第一节　马克思列宁主义・科学社会主义

一、引言

马克思列宁主义・科学社会主义（以下简称“马列・科社”）学科包括马

克思、列宁、恩格斯、斯大林思想研究，毛泽东思想、邓小平理论研究，马克思主义思想史、科学社会主义、社会主义运动史（含国际共产主义）、国外马克思主义研究，社会主义精神文明建设研究等分支学科。

通过对以往文献进行分析和整理，从国家社科基金立项的角度分析马列·科社学科发展情况的研究较少。马存勇等基于2009至2018年国家社科基金立项数据分析了我国西部地区马克思主义理论学科研究的进展；王军对2006至2015年马列·科社立项数据进行了统计分析，阐释了本学科的发展现状，并提出了加强高校马克思理论学科的发展建议；黄华伟以1993至2010年国家社科基金马列·科社学科立项情况为依据，统计分析了项目的基本情况，揭示了当时我国马列·科社学科研究的现状、热点及发展趋势；连鑫、王文昌基于1994至2015年国家社科基金立项数据，对马列·科社学科研究现状进行了分析，揭示了我国马列·科社的研究现状及发展趋势。

二、国家社科基金项目立项概况

从立项数量与占比情况、立项类型与占比情况、项目承担单位情况、立项地区分布情况、立项题目等方面对2011至2020年国家社科基金马列·科社学科的立项情况进行统计分析和客观描述。

（一）各年度立项数量统计与占比分析

通过数据收集与整理，共得到2840项与马列·科社学科相关的国家社科基金项目。按照年度顺序进行排列，得出了马列·科社国家社科基金项目立项数量分布图（图3-1）。

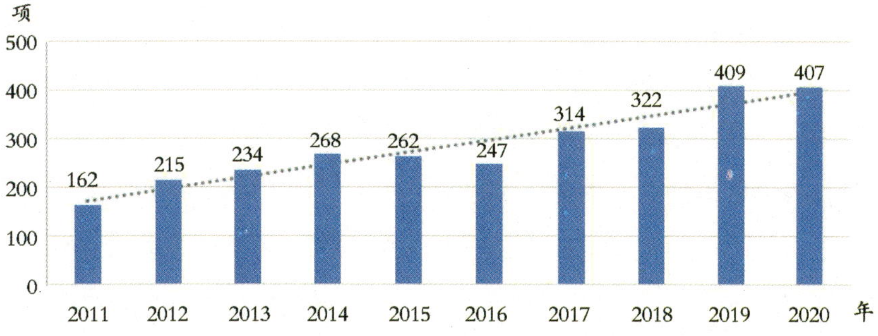

图3-1　马列·科社国家社科基金项目立项数量分布图

如图3-1所示，2011至2020年，马列·科社学科的立项数量呈阶梯式上升趋势。2011年为第一阶梯，立项数量最少，仅为162项；2012至2016年为第二阶梯，立项数量保持在200至300项之间，趋于稳定状态；2017至2018年为第三阶梯，立项数量突破300项，分别达到314项和322项；2019至2020年为第四阶梯，立项数量突破了400项。

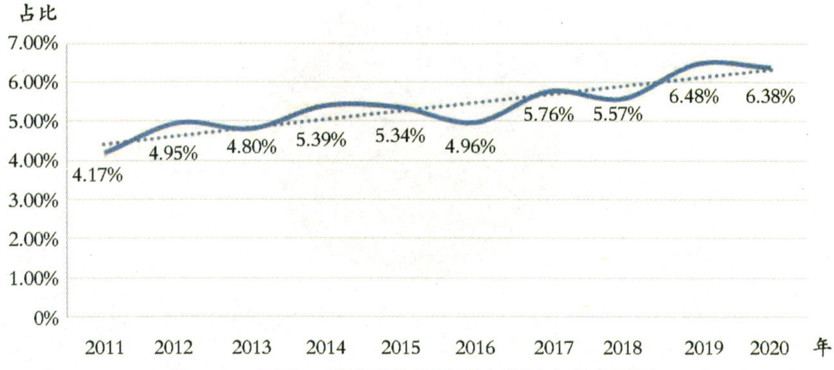

图3-2　马列·科社国家社科基金项目立项占比图

如图3-2所示，2011至2020年，马列·科社学科的立项数量在23个学科中的占比不断提高，呈波段式上升趋势。总体来看，立项占比从2011年的4.17%增至2020年的6.38%，增幅超过2个百分点。具体来看，2011至2013年是第一个波段，立项占比从4.17%增至4.95%，之后降至4.80%；2013至2016年是第二个波段，立项占比从4.80%增至5.39%，之后降至4.96%；2016至2018年是第三个波段，立项占比从4.96%增至5.76%，之后降至5.57%；2018至2020年是第四个波段，立项占比从5.57%增至6.48%，之后降至6.38%。

（二）各项目类型立项数量统计与占比分析

马列·科社学科的立项项目分布于国家社科基金的重点项目、一般项目、青年项目、西部项目、后期资助项目、中华学术外译项目、成果文库等类型，2011至2020年马列·科社国家社科基金各项目类型立项数量与占比情况如图3-3所示。

据图3-3可知，在7类项目类型中，一般项目为主要的立项类型，立项数量为1472项，占比为51.83%；其次是青年项目和西部项目，立项数量分别是512项和375项，占比分别为18.03%和13.20%；后期资助项目和重点项目的占比较低，分别为8.45%和6.94%；中华学术外译项目和成果文库的占比最低，均不足1.00%。

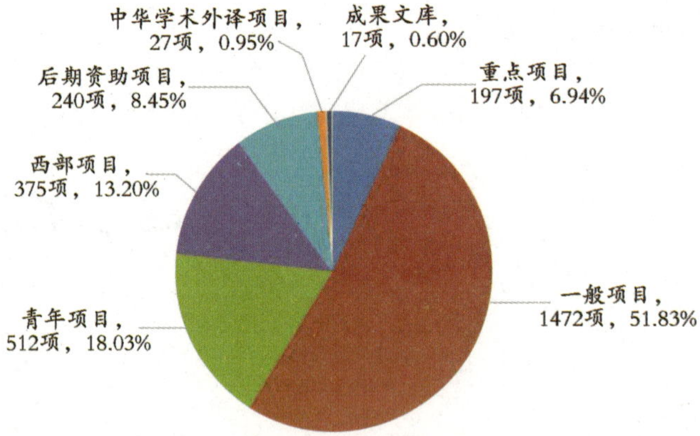

图3-3 马列·科社国家社科基金各项目类型立项数量与占比情况图

（三）项目承担单位情况

通过对马列·科社学科项目承担人所在单位进行统计分析，按照承担项目数量从多到少的顺序进行排列，选取排名前50名的单位制作了马列·科社学科项目高频承担单位分布情况表（表3-1）。

表3-1　马列·科社学科项目高频承担单位分布情况表

序号	单位	数量（项）	占比（%）	序号	单位	数量（项）	占比（%）
1	中央党校	55	1.94	29	华南师范大学	15	0.53
2	东北师范大学	42	1.48	30	贵州大学	15	0.53
3	中国人民大学	30	1.06	31	黑龙江省委党校	15	0.53
4	中国社会科学院	30	1.06	32	新疆大学	15	0.53
5	广西师范大学	28	0.99	33	重庆邮电大学	15	0.53
6	南京师范大学	27	0.95	34	北京理工大学	14	0.49
7	武汉大学	26	0.92	35	北京师范大学	14	0.49
8	湖南师范大学	25	0.88	36	厦门大学	14	0.49
9	江西师范大学	25	0.88	37	江苏省委党校	14	0.49
10	吉林大学	24	0.85	38	南开大学	14	0.49
11	西南大学	24	0.85	39	福建省委党校	13	0.46
12	山东大学	23	0.81	40	广州大学	13	0.46
13	郑州大学	22	0.77	41	湖南科技大学	13	0.46
14	贵州师范大学	21	0.74	42	江南大学	13	0.46
15	陕西师范大学	21	0.74	43	南京信息工程大学	13	0.46
16	华中师范大学	20	0.70	44	扬州大学	13	0.46
17	中山大学	20	0.70	45	山西师范大学	13	0.46
18	河南师范大学	19	0.67	46	温州大学	13	0.46
19	山东师范大学	18	0.63	47	兰州大学	12	0.42
20	上海市委党校	18	0.63	48	哈尔滨师范大学	12	0.42
21	湘潭大学	18	0.63	49	湖北大学	12	0.42
22	长沙理工大学	18	0.63	50	中南民族大学	12	0.42
23	安徽师范大学	17	0.60	51	河海大学	12	0.42
24	福建师范大学	17	0.60	52	国防大学	12	0.42
25	广西大学	17	0.60	53	大连海事大学	12	0.42
26	河北师范大学	17	0.60	54	华东师范大学	12	0.42
27	新疆师范大学	17	0.60	55	上海交通大学	12	0.42
28	清华大学	15	0.53				

如表3-1所示，从项目承担单位的属性来看，马列·科社学科的项目承担单位主要包含党校系统、社科院系统、高等院校。55个项目承担单位中共有高等院校49所，占比为89.09%，高等院校中有“双一流”建设高校29所，占比为59.18%。从承担的项目数量来看，中央党校承担的数量最多，为55项，占项目总数的1.94%，其次是东北师范大学、中国人民大学、中国社会科学院，占比均超过1.00%，其余单位承担项目的数量均在12项及以上，占比均在0.42%及以上。

（四）立项地区分布情况

对马列·科社学科立项地区的分析，可以考察2011至2020年间各地区马列·科社学科的学术科研能力及发展状况，表3-2对马列·科社学科的立项地区分布情况做了统计。

表3-2　马列·科社学科立项地区分布情况表

序号	地区	数量（项）	占比（%）	序号	地区	数量（项）	占比（%）
1	江苏	225	7.92	17	福建	74	2.61
2	北京	216	7.61	18	河北	66	2.32
3	湖北	155	5.46	19	黑龙江	66	2.32
4	湖南	150	5.28	20	云南	64	2.25
5	上海	143	5.04	21	安徽	63	2.22
6	山东	124	4.37	22	新疆	62	2.18
7	河南	114	4.01	23	贵州	58	2.04
8	广东	108	3.80	24	甘肃	52	1.83
9	陕西	108	3.80	25	天津	43	1.51
10	广西	98	3.45	26	山西	28	0.99
11	重庆	97	3.42	27	宁夏	27	0.95
12	浙江	96	3.38	28	海南	22	0.77
13	江西	93	3.27	29	内蒙古	20	0.70
14	吉林	88	3.10	30	青海	16	0.56
15	辽宁	80	2.82	31	西藏	14	0.49
16	四川	80	2.82				

如表3-2所示，除港澳台以外的31个省（市、自治区）均有立项，平均每个地区85.48项。江苏、北京两地的立项数量远远超过其他地区，分别为225项和216项，占比分别为7.92%和7.61%，处于第一梯队；湖北、湖南、上海、山东、河南、广东、陕西、广西、重庆、浙江、江西、吉林等地区的立项数量均高于平均立项数量，处于第二梯队；辽宁、四川、福建等地区的立项数量均低于平均立项数量，处于第三梯队。第一梯队和第二梯队的13个地区的立项数量是第三梯队的18个地区的立项数量的2倍以上。

（五）立项题目分析

将2011至2020年的马列·科社学科立项题目进行整理后，运用“图悦”软件进行分析，得出马列·科社国家社科基金项目热词词频分布表（表3-3）及热词权重图（图3-4）。

表3-3　马列·科社国家社科基金项目热词词频分布表

序　号	1	2	3	4	5	6	7	8	9	10
关键词	马克思主义	习近平	思想	中国	社会主义	文化	新时代	理论	政治	教育
词　频	654	466	536	526	504	343	290	285	277	270
权　重	1.00	0.95	0.61	0.61	0.61	0.57	0.55	0.55	0.55	0.55

图3-4　马列·科社国家社科基金项目热词权重图

如表3-3和图3-4所示，“马克思主义”出现了654次，权重值为1.00，其字号最大也最为明显；“习近平”出现了466次，权重值为0.95；其次是“思想”“中国”“社会主义”“文化”“新时代”“理论”“政治”“教育”。这些词语在权重图中都能被明显地标识出来，反映出国家社科基金项目中马列·科社学科的关注热点。

三、发展趋势与研究热点

通过对2011至2020年国家社科基金马列·科社学科项目基本情况的分析，可以得到以下结论。

1. 马克思主义的理论地位越来越突出。2011至2020年，国家社科基金马列·科社学科的项目立项数量与立项占比不断增加，资助力度也在不断增强，这使得有关马克思主义理论研究的高水平科研成果越来越多。可以说，这不仅巩固和发展了马克思主义理论在意识形态方面的指导地位，还使得马克思主义的理论地位越来越突出。

2. 青年学者是马列·科社研究的主要力量。通过对马列·科社学科各项目类型情况进行分析可以得知，立项的项目类型主要集中于一般项目和青年项目，一般项目和青年项目的立项占比近70.00%，这表明青年学者已成为马列·科社研究的主要力量，国家也更加注重对青年学者进行培养和资助。

3. 党校系统、社科院系统、高等院校是马列·科社研究的主要阵地。通过对项目承担单位情况进行分析可以得知，对马列·科社的研究主要集中在各级党校、中国社会科学院和高等院校，这些组织机构承担了较多的马列·科社学科项目的研究任务。在这3类组织机构中，高等院校所承担的项目占比较高，尤其是“双一流”建设高校，是高等院校中马列·科社研究的重要阵地。

4. 马列·科社的研究地区分布广泛，同时呈现出不均衡性和集中性。马列·科社的研究分布在全国31个省（市、自治区），分布范围十分广泛，每个省（市、自治区）均承担了一定数量的项目。但通过分析各地区承担的项目数量可以看出，该学科的研究发展不均衡，且过于集中，江苏和北京两地承担了近

20.00%的项目，不仅远超平均立项数量的85.48项，而且各自承担项目的数量是平均立项数量的近3倍。

5. 马列·科社学科的研究内容的时代特征越发明显，越发关注重大现实问题。习近平总书记在庆祝中国共产党成立100周年大会上的重要讲话中指出："坚持把马克思主义基本原理同中国具体实际相结合、同中华优秀传统文化相结合。"坚持把马克思主义基本原理同中华优秀传统文化相结合，必须始终坚持和发展马克思主义，马克思主义的基本理论品质就是要充分反映时代特征，深入研究时代提出的问题。习近平新时代中国特色社会主义思想即是对马克思主义理论的传承与发展，赋予了马克思主义鲜明的时代特色、丰富的时代内涵、旺盛的时代活力。从对马列·科社学科项目立项题目的分析也可以看出，当前马列·科社学科的研究内容具有明显的时代标签，对"习近平新时代中国特色社会主义思想"的研究、对"大学生思想政治教育"的研究、对"国家治理方面"的研究等都充分体现了这一点。

第二节　党史·党建

一、引言

习近平总书记曾在不同场合多次提出要开展党史学习教育，要加强党的自身建设。2017年，习近平总书记在中国共产党第十九届中央委员会第一次全体会议上强调，我们一定要深刻认识新时代中国特色社会主义对我们党自身建设提出的新要求，着眼于我们党更好地担当使命，总结运用成功经验，正视解决突出问题，一刻不停歇地推动全面从严治党向纵深发展。2021年，习近平总书记在党史学习教育动员大会上指出，在全党开展党史学习教育，是党中央立足党的百年历史新起点、统筹中华民族伟大复兴战略全局和世界百年未有之大变局、为动员全党全国满怀信心投身全面建设社会主义现代化国家而做出的重大决策。

研究党的历史、加强党的建设具有十分重要的意义，目前有关党史·党建的立项课题越来受到学者的关注，国家社科基金项目作为我国最高水平的研究课题，研究其有关党史·党建学科的立项课题，能够总结和归纳目前此领域的研究现状及发展趋势，推动党史·党建学科的不断发展。

通过对以往文献进行分析和整理，从国家社科基金立项的角度分析党史·党建学科发展情况的研究较少。沈楠通过文献计量的方法从党史·党建学科的立项类别、研究热点、研究所属系统和所在地区、专业职务、立项和结项时间、研究成果获奖和出版情况等方面研究了1994至2018年国家社科基金项目党史·党建学科的立项课题；董明、张永汀分别基于1993至2010年、1993至2012年国家社科基金的立项数据对党史·党建学科的发展现状进行了探讨。

二、国家社科基金项目立项概况

从立项数量与占比情况、立项类型与占比情况、项目承担单位情况、立项地区分布情况、立项题目等方面对2011至2020年国家社科基金党史·党建学科的立项情况进行统计分析和客观描述。

（一）各年度立项数量统计与占比分析

通过数据收集与整理，共得到1234项与党史·党建学科相关的国家社科基金项目。按照年度顺序进行排列，得出了党史·党建国家社科基金项目立项数量分布图（图3-5）。

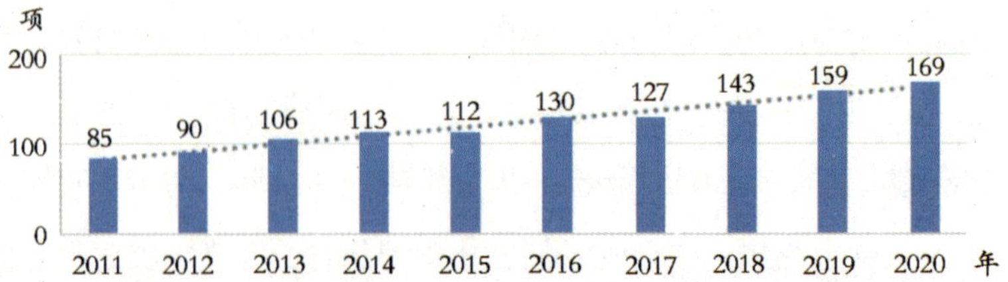

图3-5 党史·党建国家社科基金项目立项数量分布图

如图3-5所示，2011至2020年，党史·党建学科的立项数量呈总体上升的趋势。2011至2012年，立项数量均为两位数，分别是85项和90项；到2013年，立项数量突破了两位数，达到106项；2013至2020年，立项数量均保持在100项以上，2020年的立项数量达到近年来的最高值，为169项。

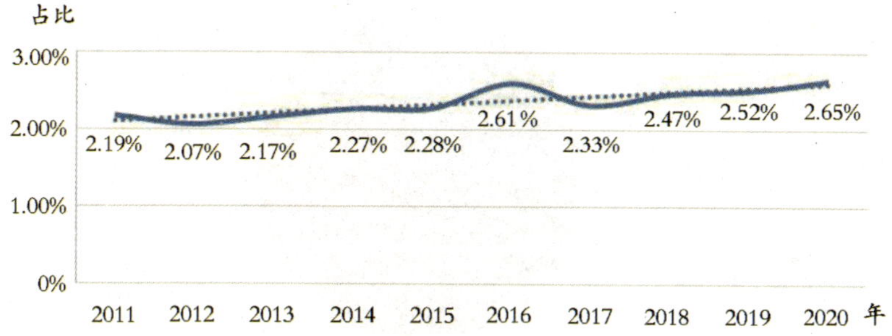

图3-6 党史·党建国家社科基金项目立项占比图

如图3-6所示，2011至2020年，党史·党建学科的立项数量在23个学科中的占比小幅提高，2016年曾出现了一个阶段性高峰。总体来看，立项占比从2011年的2.19%增至2020年的2.65%，增长了0.46个百分点，其间，2016年的立项占比达到了2.61%。具体来看，10年间各年份的立项占比均在2.00%以上，2020年的立项占比最高，达到了2.65%。

（二）各项目类型立项数量统计与占比分析

党史·党建学科的立项项目分布于国家社科基金的重点项目、一般项目、青年项目、西部项目、后期资助项目、中华学术外译项目、成果文库等类型，2011至2020年党史·党建国家社科基金各项目类型立项数量与占比情况如图3-7所示。

据图3-7可知，在7类项目类型中，一般项目为主要的立项类型，立项数量为633项，占比为51.30%；其次是西部项目和青年项目，立项数量为224项和206项，占比分别为18.15%和16.69%；重点项目和后期资助项目的占比较低，分别为6.56%和6.40%；中华学术外译项目和成果文库的占比最低，分别仅有0.65%和0.25%。

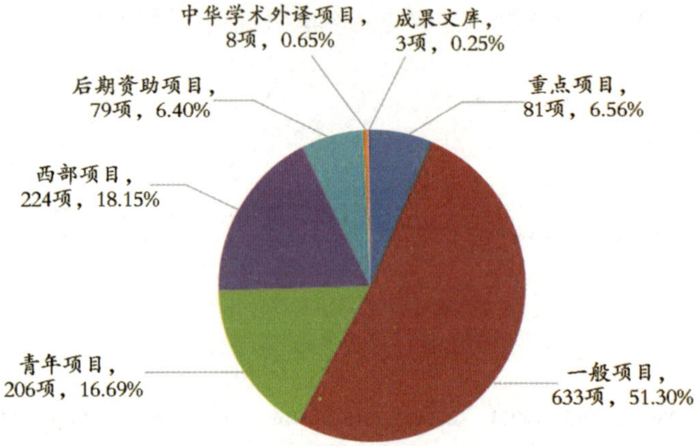

图3-7 党史·党建国家社科基金各项目类型立项数量与占比情况图

（三）项目承担单位情况

通过对党史·党建学科项目承担人所在单位进行统计分析，按照承担项目数量从多到少的顺序进行排列，选取排名前20的单位制作了党史·党建学科项目高频承担单位分布情况表（表3-4）。

表3-4 党史·党建学科项目高频承担单位分布情况表

序号	单位	数量（项）	占比（%）	序号	单位	数量（项）	占比（%）
1	中央党校	31	2.51	7	中国延安干部学院	14	1.13
2	中国社会科学院	22	1.78	8	四川省委党校	14	1.13
3	中国井冈山干部学院	20	1.62	9	北京市委党校	13	1.05
4	天津市委党校	20	1.62	10	甘肃省委党校	13	1.05
5	黑龙江省委党校	14	1.13	11	上海市委党校	13	1.05
6	湘潭大学	14	1.13	12	江苏省委党校	12	0.97

续表

序号	单位	数量（项）	占比（%）	序号	单位	数量（项）	占比（%）
13	四川大学	12	0.97	18	陕西省委党校	11	0.89
14	重庆市委党校	12	0.97	19	新疆兵团党委党校	11	0.89
15	新疆区委党校	12	0.97	20	中国人民大学	10	0.81
16	福建省委党校	11	0.89	21	华南师范大学	10	0.81
17	湖北省委党校	11	0.89	22	延安大学	10	0.81

如表3-4所示，从排名前20的项目承担单位分布情况来看，中央党校排名第一，共承担了31项，占比为2.51%；中国社会科学院排名第二，共承担了22项，占比为1.78%；中国井冈山干部学院和天津市委党校紧随其后，均承担了20项，占比均为1.62%。在22个项目承担单位中，党校系统占据了14个，占比为63.64%，其余是社科院系统和高等学校。由此可以看出，党校系统是党史·党建学科研究的重要力量。

（四）立项地区分布情况

对党史·党建学科立项地区的分析，可以考察2011至2020年间各地区党史·党建学科的学术科研能力及发展状况，表3-5对党史·党建学科的立项地区分布情况做了统计。

表3-5 党史·党建学科立项地区分布情况表

序号	地区	数量（项）	占比（%）	序号	地区	数量（项）	占比（%）
1	江西	83	6.73	6	江苏	58	4.70
2	北京	78	6.32	7	广东	55	4.46
3	陕西	67	5.43	8	四川	55	4.46
4	湖南	66	5.35	9	湖北	54	4.38
5	上海	63	5.11	10	山东	51	4.13

续表

序号	地区	数量（项）	占比（%）	序号	地区	数量（项）	占比（%）
11	浙江	49	3.97	22	辽宁	19	1.54
12	重庆	41	3.32	23	吉林	18	1.46
13	甘肃	38	3.08	24	云南	18	1.46
14	广西	36	2.92	25	河北	17	1.38
15	天津	32	2.59	26	青海	17	1.38
16	河南	30	2.43	27	内蒙古	13	1.05
17	新疆	28	2.27	28	宁夏	8	0.65
18	福建	27	2.19	29	山西	7	0.57
19	贵州	26	2.11	30	西藏	7	0.57
20	黑龙江	26	2.11	31	海南	5	0.41
21	安徽	19	1.54				

如表3-5所示，除港澳台以外的31个省（市、自治区）均有立项，平均每个地区35.84项。江西、北京、陕西、湖南、上海等地区的立项数量均在60项以上，总占比为28.94%，处于第一梯队；江苏、广东、四川、湖北、山东、浙江、重庆、甘肃、广西等地区的立项数量均高于平均立项数量，处于第二梯队；天津、河南、新疆等地区的立项数量均低于平均立项数量，处于第三梯队。立项数量最多的地区江西是立项数量最少的地区海南的16.6倍，可见立项地区的分布极不均衡。立项数量第一梯队的5个地区的立项数量之和，约占立项总数量的三分之一，可见立项地区分布的集中性。

（五）立项题目分析

将2011至2020年的党史·党建学科立项题目进行整理后，运用“图悦”软件进行分析，得出党史·党建国家社科基金项目热词词频分布表（表3-6）及热词权重图（图3-8）。

表3-6　党史·党建国家社科基金项目热词词频分布表

序　号	1	2	3	4	5	6	7	8	9	10
关键词	马克思主义	习近平	中国共产党	建设	经验	历史	领导	治理	实践	政治
词　频	74	46	367	188	171	157	94	93	93	80
权　重	1.00	0.89	0.86	0.77	0.75	0.74	0.67	0.66	0.66	0.64

图3-8　党史·党建国家社科基金项目热词权重图

如表3-6和图3-8所示，“马克思主义”出现了74次，权重值为1.00，其字号最大也最为明显；“习近平”出现了46次，权重值为0.89；其次是“中国共产党”“建设”“经验”“历史”“领导”“治理”“实践”“政治”。这些词语在权重图中都能被明显地标识出来，反映出国家社科基金项目中党史·党建学科的关注热点。

三、发展趋势与研究热点

通过对2011至2020年国家社科基金党史·党建学科项目基本情况的分析，可以得到以下结论。

1. 党史·党建学科研究课题的数量占比有待进一步加强。通过分析可知，2011至2020年国家社科基金党史·党建学科的项目立项数量不断增加，从2011

年的85项增至2020年的169项。但通过对立项占比情况进行分析可以看出，立项占比最高的仅有2.65%，与其他学科相比，立项占比较低。

2. 党史·党建的研究主体过于集中。从党史·党建学科研究课题所属系统的统计分析结果来看，有关党史·党建学科的研究课题主要集中在中央和地方党校，其他系统如社科院、高等院校承担的项目较少。目前党史·党建的研究主体主要呈现出以下几个方面的特征：一是党校系统中，中央党校承担了大部分的研究项目，各地方党校虽也有承担项目，但数量较少；二是社科院系统中，仅有中国社科院承担了22项，未见有地方社科院承担10项以上的研究项目；三是高等院校中的重点大学，特别是“双一流”建设高校承担的项目数量严重不足。总体来看，党史·党建的研究主体存在过于集中的现象。

3. 党史·党建的研究地区分布广泛，但呈现极不均衡的状况。党史·党建的研究分布在全国31个省（市、自治区），但通过立项地区分布情况表可以看出，该学科的研究分布极不均衡，平均立项数量是立项数量最后一位海南的7倍多，立项数量第一的江西，其立项数量是最后一位海南的16.6倍。这种不均衡现象在今后的立项过程中应该慢慢得到改善，以达到各地区的均衡发展。

4. 党史·党建学科的研究课题突出应用价值，更加关注现实问题，以总结经验、指导实践、解决问题为研究导向，注重实操的特点较为鲜明。根据党史·党建国家社科基金项目立项题目词云图可以得知，目前该学科研究的热点：一是在于继续深入对习近平新时代中国特色社会主义思想的研究，习近平新时代中国特色社会主义思想是当代中国的马克思主义，是科学严谨的理论体系，其内涵丰富、博大精深，在深入研究的同时，还要用于指导实践；二是在于学习党史与加强党的建设方面的研究，加强党史学习教育是加强党的思想理论建设、推进社会主义核心价值体系建设的重要任务；三是在于党的建设过程中的历史经验研究，要从党的建设历史中汲取前进的力量，善于总结历史经验，并运用好从中获取的经验和规律，从而不断取得新的进步。

第三节 哲学

一、引言

马克思认为：“哲学是文明的活的灵魂，而问题则是推动哲学发展的活的灵魂。”因此，为了推动哲学的发展，必须不断提出重大的理论和实践问题，这是推动哲学不断发展的前提。而哲学只有在总体上联系人类社会、人类精神和人类文化发展的实际，联系深层次的关系到人类命运的时代性矛盾，对人及世界做出哲学的反思，才能为社会做出自己的贡献。本节结合2011至2020年国家社科基金项目哲学学科的立项情况，分析哲学学科的发展趋势和研究热点。

通过对以往文献进行分析和整理，国内已有学者从不同角度对国家社科基金哲学学科的立项情况进行了分析，但研究成果提出的时间均较早，针对最新立项项目分析的研究成果不多。朱丹浩等在统计和文献计量学方法的基础上，从基金数量、基金负责人、基金承担单位分布和基金类型成果分布、成果期刊分布和基金研究热点等几个方面对1991至2015年国家社会科学基金哲学学科所立项目进行了分析；殷雪等运用文献计量学的方法对哲学社会科学1993至2010年基金立项状况进行多角度、多方位的统计分析并得出了相关的结论；邓宗莲从立项的时间和项目类别、地域分布、机构及单位分布、哲学每年立项数量等方面对1993至2009年间的国家社科基金项目进行了分析，揭示出我国哲学学科研究的强势地区和强势方向，以及研究力量和研究队伍的分布状况。

二、国家社科基金项目立项概况

从立项数量与占比情况、立项类型与占比情况、项目承担单位情况、立项地区分布情况、立项题目等方面对2011至2020年国家社科基金哲学学科的立项情况进行统计分析和客观描述。

（一）各年度立项数量统计与占比分析

通过数据收集与整理，共得到3076项与哲学学科相关的国家社科基金项目。按照年度顺序进行排列，得出了哲学国家社科基金项目立项数量分布图（图3-9）。

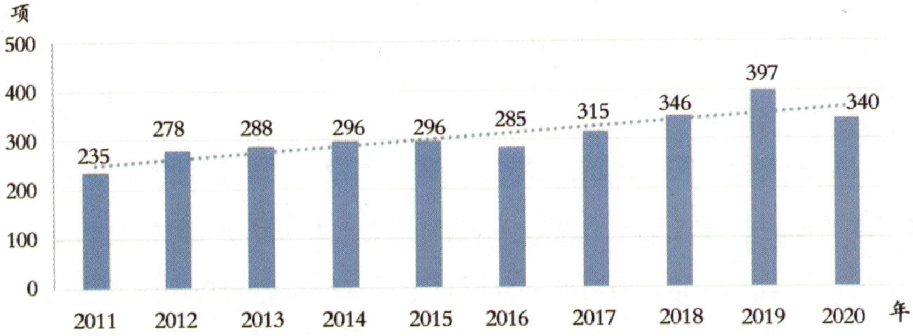

图3-9 哲学国家社科基金项目立项数量分布图

如图3-9所示，2011至2020年，哲学学科的立项数量呈波动上升趋势。2011至2015年，立项数量从235项增至296项；2016年的立项数量有所下降，为285项；2016至2019年，立项数量一直呈上升趋势，2019年的立项数量达到397项；2020年的立项数量有所回落，为340项。

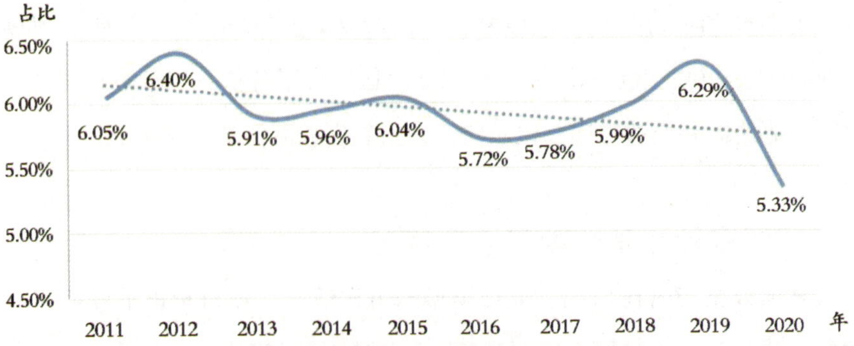

图3-10 哲学国家社科基金项目立项占比图

如图3-10所示，2011至2020年，哲学学科的立项数量在23个学科中的占比总体呈下降趋势。2011至2012年是上升阶段，立项占比从6.05%增至6.40%，2012年是近年来立项占比最高的一年；之后各年份围绕6.00%上下波动，2020年的立项占比最低，降至5.33%。

（二）各项目类型立项数量统计与占比分析

哲学学科的立项项目分布于国家社科基金的重点项目、一般项目、青年项目、西部项目、后期资助项目、中华学术外译项目、成果文库等类型，2011至2020年哲学国家社科基金各项目类型立项数量与占比情况如图3-11所示。

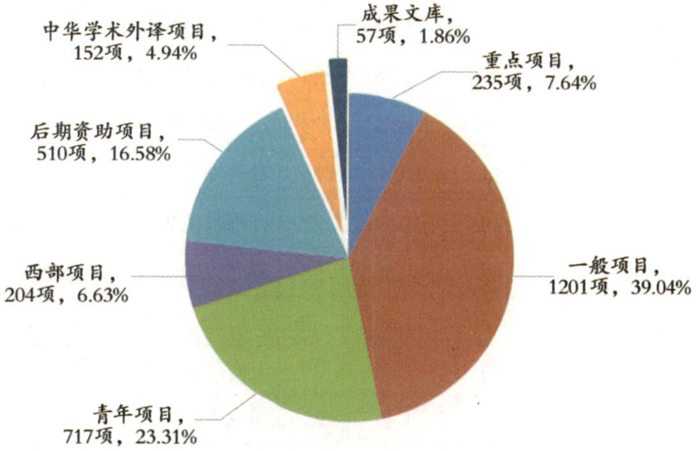

图3-11 哲学国家社科基金各项目类型立项数量与占比情况图

据图3-11可知，在7类项目类型中，一般项目为主要的立项类型，立项数量为1201项，占比为39.04%；其次是青年项目和后期资助项目，立项数量分别为717项和510项，占比分别为23.31%和16.58%；重点项目、西部项目、中华学术外译项目的立项数量较少，分别为235项、204项、152项，占比分别为7.64%、6.63%、4.94%；成果文库的立项数量最少、占比最低，立项数量为57项，占比为1.86%。

（三）项目承担单位情况

通过对哲学学科项目承担人所在单位进行统计分析，按照承担项目数量从多到少的顺序进行排列，选取排名前50的单位制作了哲学学科项目高频承担单位分布情况表（表3-7）。

表3-7 哲学学科项目高频承担单位分布情况表

序号	单位	数量（项）	占比（%）	序号	单位	数量（项）	占比（%）
1	中国人民大学	78	2.54	21	厦门大学	30	0.98
2	中山大学	75	2.44	22	同济大学	30	0.98
3	北京大学	56	1.82	23	华中科技大学	29	0.94
4	南京大学	54	1.76	24	湖南师范大学	29	0.94
5	华东师范大学	54	1.76	25	四川师范大学	24	0.78
6	北京师范大学	51	1.66	26	贵州大学	23	0.75
7	中国社会科学院	49	1.59	27	首都师范大学	22	0.72
8	山西大学	48	1.56	28	湖北大学	22	0.72
9	武汉大学	48	1.56	29	上海交通大学	21	0.68
10	浙江大学	45	1.46	30	上海师范大学	21	0.68
11	复旦大学	44	1.43	31	河南大学	20	0.65
12	黑龙江大学	40	1.30	32	湖南大学	20	0.65
13	西南大学	36	1.17	33	中南大学	20	0.65
14	清华大学	35	1.14	34	南京师范大学	20	0.65
15	山东大学	35	1.14	35	苏州大学	20	0.65
16	陕西师范大学	35	1.14	36	上海大学	20	0.65
17	吉林大学	34	1.11	37	华南师范大学	20	0.65
18	东南大学	33	1.07	38	兰州大学	19	0.62
19	南开大学	33	1.07	39	四川大学	19	0.62
20	中央党校	31	1.01	40	湖南科技大学	18	0.59

续表

序号	单位	数量（项）	占比（%）	序号	单位	数量（项）	占比（%）
41	长沙理工大学	18	0.59	47	曲阜师范大学	16	0.52
42	河北大学	17	0.55	48	山东社会科学院	16	0.52
43	上海财经大学	17	0.55	49	西安交通大学	16	0.52
44	浙江师范大学	17	0.55	50	上海社会科学院	16	0.52
45	贵州师范大学	16	0.52	51	华中师范大学	16	0.52
46	中南财经政法大学	16	0.52				

如表3-7所示，从排名前50的项目承担单位分布情况来看，中国人民大学排名第一，共承担了78项，占比为2.54%；中山大学排名第二，共承担了75项，占比为2.44%；北京大学、南京大学、华东师范大学、北京师范大学、中国社会科学院、山西大学、武汉大学、浙江大学、复旦大学、黑龙江大学、西南大学、清华大学、山东大学、陕西师范大学、吉林大学、东南大学、南开大学、中央党校等18个单位承担项目的数量均在30项以上，占比均超过1.00%；其余单位承担项目的数量均在16项及以上，占比均在0.52%及以上。从项目承担单位属性来看，高等院校是承担哲学学科项目的主要力量，除高等院校外，中国社会科学院、中央党校、山东社会科学院、上海社会科学院也承担了部分项目。单从高等院校来看，承担项目数量排名前50的单位中有47所高等院校，其中36所为“双一流”建设高校。

（四）立项地区分布情况

对哲学学科立项地区的分析，可以考察2011至2020年间各地区哲学学科的学术科研能力及发展状况，表3-8对哲学学科的立项地区分布情况做了统计。

表3-8 哲学学科立项地区分布情况表

序号	地区	数量（项）	占比（%）	序号	地区	数量（项）	占比（%）
1	北京	381	12.39	17	黑龙江	63	2.05
2	上海	268	8.71	18	江西	62	2.02
3	江苏	252	8.19	19	河北	58	1.89
4	广东	178	5.79	20	安徽	54	1.76
5	湖北	173	5.62	21	天津	54	1.76
6	湖南	170	5.53	22	辽宁	53	1.72
7	浙江	156	5.07	23	云南	51	1.66
8	陕西	134	4.36	24	甘肃	45	1.46
9	山东	116	3.77	25	广西	40	1.30
10	四川	106	3.45	26	内蒙古	26	0.85
11	重庆	87	2.83	27	海南	21	0.68
12	河南	82	2.67	28	宁夏	14	0.46
13	吉林	72	2.34	29	新疆	13	0.42
14	福建	70	2.28	30	青海	12	0.39
15	贵州	69	2.24	31	西藏	7	0.23
16	山西	66	2.15				

如表3-8所示，除港澳台以外的31个省（市、自治区）均有立项，平均每个地区95.26项。北京、上海、江苏排名前三，立项数量分别为381项、268项、252项，占比分别为12.39%、8.71%、8.19%，处于第一梯队；广东、湖北、湖南、浙江、陕西、山东、四川等地区的立项数量均高于平均立项数量，处于第二梯队；重庆、河南、吉林等地区的立项数量均低于平均立项数量，处于第三梯队。立项数量第一梯队的3个地区的立项数量之和，约占立项总数量的三分之一。立项数量最多的地区北京的立项数量是平均立项数量的近4倍，是立项数量最少地区西藏的54.4倍多，由此可见，各地区的立项数量差距非常悬殊。

（五）项目立项题目分析

将2011至2020年的哲学学科立项题目进行整理后，运用“图悦”软件进行分析，得出哲学国家社科基金项目热词词频分布表（表3-9）及热词权重图（图3-12）。

表3-9　哲学国家社科基金项目热词词频分布表

序　号	1	2	3	4	5	6	7	8	9	10
关键词	哲学	伦理	思想	马克思主义	理论	逻辑	美学	道德	儒家	文化
词　频	772	280	424	160	213	148	115	157	98	162
权　重	1.00	0.93	0.92	0.88	0.86	0.85	0.84	0.84	0.84	0.83

图3-12　哲学国家社科基金项目热词权重图

如表3-9和图3-12所示，“哲学”出现了772次，权重值为1.00，其字号最大也最为明显；“伦理”出现了280次，权重值为0.93；其次是“思想”“马克思主义”“理论”“逻辑”“美学”“道德”“儒家”“文化”。这些词语在权重图中都能被明显地标识出来，反映出国家社科基金项目中哲学学科的关注热点。

三、发展趋势与研究热点

通过对2011至2020年国家社科基金哲学学科项目基本情况的分析，可以得到以下结论。

1. 哲学的学科地位有待进一步加强。通过对2011至2020年哲学学科国家社科基金立项数量与立项占比进行分析可知，哲学学科的立项占比总体呈下降趋势。这需要引导广大社会工作者从哲学角度对党和政府关心的重大社会热点、难点、疑点问题开展研究，为党和政府提供决策服务。哲学学科想要发展，一方面要靠广大学者自身的努力，另一方面还要与社会需求相结合。

2. 高等院校承担的哲学学科项目较多。通过对项目承担单位情况进行分析可知，高等院校承担了大部分的哲学学科项目，承担项目的数量在16项以上的51个单位中，有47个单位为高等院校。而在这47所高等院校中，有36所为“双一流”建设高校，可以说这些院校是哲学学科研究的主力军。

3. 哲学的研究地区分布极不均衡。从立项地区来看，除港澳台外的31个省（市、自治区）均有立项，但出现了分布极不均衡的状况。立项数量最多的北京有381项，而立项数量最少的西藏仅有7项。立项数量超过平均立项数量的省（市、自治区）仅有10个，大多数地区未达到平均立项数量。

4. 通过对立项题目进行分析可以发现，目前哲学研究的关注点有以下几个方面：一是关于马克思主义哲学的研究，对马克思主义哲学的研究一直是哲学学科的研究热点，马克思主义哲学是无产阶级的世界观和方法论，是科学社会主义的哲学基础，是人类认识世界、改造世界的思想武器，对马克思主义哲学的研究在于如何为建设中国特色社会主义服务；二是关于中国哲学的研究，对中国传统哲学的研究一直是当代中国哲学及其历史研究的中心学科之一，对儒家、道家、佛教三大中国传统哲学思想的研究仍然是中国哲学的研究重点，而对新儒学和宋明理学的研究则是目前研究的重点和热点；三是对美学的研究，美学是哲学的分支学科，美学与文学艺术、人们的日常生活，以及与人的素质教育结合得越来越紧密，当代的中国美学研究多聚焦于生态美学、实践美学和文艺美学等知识领域。

第四节 理论经济

一、引言

理论经济学是对经济理论问题进行研究的学科，理论经济学研究主要是发现经济运行和发展过程中的规律，为各个经济学科提供基础理论。

通过对以往文献进行分析和整理，国内暂时没有从国家社科基金理论经济学科立项的角度进行分析的文章。

二、国家社科基金项目立项概况

从立项数量与占比情况、立项类型与占比情况、项目承担单位情况、立项地区分布情况、立项题目等方面对2011至2020年国家社科基金理论经济学科的立项情况进行统计分析和客观描述。

（一）各年度立项数量统计及占比分析

通过数据收集与整理，共得到2407项与理论经济学科相关的国家社科基金项目。按照年度顺序进行排列，得出了理论经济国家社科基金项目立项数量分布图（图3-13）。

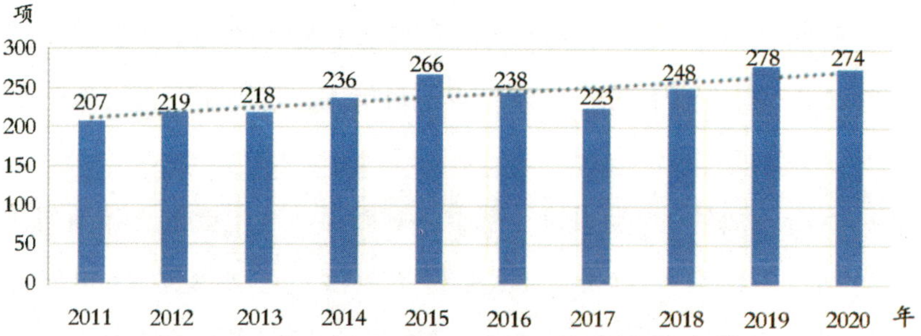

图3-13 理论经济国家社科基金项目立项数量分布图

如图3-13所示，2011至2020年，理论经济学科的立项数量呈波动上升趋势。2011至2015年，立项数量从207项增至266项；2016至2017年，立项数量逐年下降，从266项降至223项；2018至2019年，立项数量有所增加，2019年增至278项，为近年来的最高值；2020年的立项数量稍有下降，为274项。

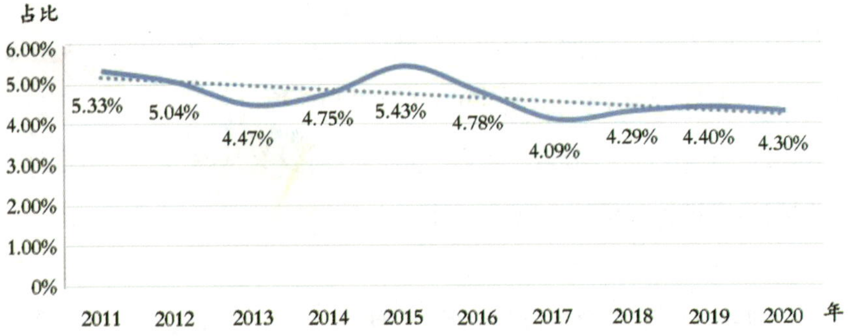

图3-14 理论经济国家社科基金项目立项占比图

如图3-14所示，2011至2020年，理论经济学科的立项数量在23个学科中的占比呈波段下降趋势。立项占比从2011年的5.33%降至2013年的4.47%，之后有所上升，到2015年达到5.43%，为近年来的最高值，之后逐年下降，2017年后趋于平稳，保持在4.30%上下。

（二）各项目类型立项数量统计及占比分析

理论经济学科的立项项目分布于国家社科基金的重点项目、一般项目、青年项目、西部项目、后期资助项目、中华学术外译项目、成果文库等类型，2011至2020年理论经济国家社科基金各项目类型立项数量与占比情况如图3-15所示。

据图3-15可知，在7类项目类型中，一般项目为主要的立项类型，立项数量为1159项，占比为48.15%；其次是青年项目，立项数量为558项，占比为23.18%；重点项目和后期资助项目的立项数量与占比相当，立项数量均为210多项，占比均在9.00%上下；西部项目、中华学术外译项目的立项数量较少；立项数量最少且占比最低的是成果文库，立项数量为29项，占比为1.20%。

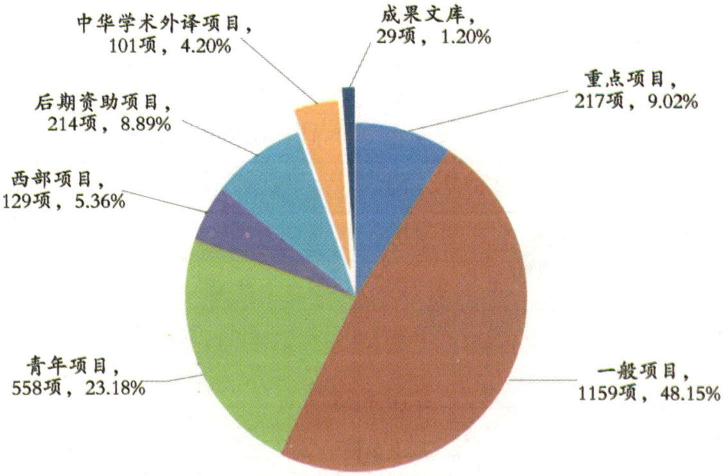

图3-15 理论经济国家社科基金各项目类型立项数量与占比情况图

（三）项目承担单位情况

通过对理论经济学科项目承担人所在单位进行统计分析，按照承担项目数量从多到少的顺序进行排列，选取排名前50的单位制作了理论经济学科项目高频承担单位分布情况表（表3-10）。

表3-10 理论经济学科项目高频承担单位分布情况表

序号	单位	数量（项）	占比（%）	序号	单位	数量（项）	占比（%）
1	中国社会科学院	74	3.07	6	中央财经大学	34	1.41
2	中国人民大学	66	2.74	7	山东财经大学	33	1.37
3	中南财经政法大学	41	1.70	8	厦门大学	32	1.33
4	上海财经大学	36	1.50	9	南开大学	32	1.33
5	北京大学	34	1.41	10	西南财经大学	31	1.29

续表

序号	单位	数量（项）	占比（%）	序号	单位	数量（项）	占比（%）
11	首都经济贸易大学	30	1.25	32	浙江财经大学	19	0.79
12	武汉大学	30	1.25	33	对外经济贸易大学	18	0.75
13	北京师范大学	28	1.16	34	湖北大学	18	0.75
14	复旦大学	27	1.12	35	河南财经政法大学	17	0.71
15	西北大学	26	1.08	36	湖南大学	17	0.71
16	安徽财经大学	24	1.00	37	辽宁大学	17	0.71
17	湘潭大学	24	1.00	38	中央民族大学	16	0.66
18	吉林大学	23	0.96	39	福建师范大学	16	0.66
19	南京财经大学	23	0.96	40	中国海洋大学	16	0.66
20	山东大学	23	0.96	41	西安交通大学	16	0.66
21	四川大学	22	0.91	42	广西财经学院	15	0.62
22	江西财经大学	21	0.87	43	广西大学	15	0.62
23	东北财经大学	20	0.83	44	河南大学	15	0.62
24	中央党校	20	0.83	45	东南大学	15	0.62
25	重庆大学	20	0.83	46	上海对外经贸大学	15	0.62
26	清华大学	19	0.79	47	湖南师范大学	14	0.58
27	长沙理工大学	19	0.79	48	浙江大学	14	0.58
28	南京审计大学	19	0.79	49	石河子大学	13	0.54
29	上海社会科学院	19	0.79	50	贵州财经大学	13	0.54
30	云南大学	19	0.79	51	南昌大学	13	0.54
31	云南大学	19	0.79				

如表3-10所示，从排名前50的项目承担单位分布情况来看，中国社会科学院排名第一，共承担了74项，占比为3.07%；中国人民大学排名第二，共承担了66项，占比为2.74%；中南财经政法大学排名第三，共承担了41项，占比为1.70%；其余单位承担项目的数量均在13项及以上，占比均在0.54%及以上。从

项目承担单位的属性来看，承担项目较多的为高等院校、社科院系统、党校系统，其中高等院校是理论经济学科研究的重要力量，排名前50的单位中共有高等院校48所，其中“双一流”建设高校32所，占比为66.67%。

（四）立项地区分布情况

对理论经济学科立项地区的分析，可以考察2011至2020年间各地区理论经济学科的学术科研能力及发展状况，表3-11对理论经济学科的立项地区分布情况做了统计。

表3-11　理论经济学科立项地区分布情况表

序号	地区	数量（项）	占比（%）	序号	地区	数量（项）	占比（%）
1	北京	332	13.79	17	广西	50	2.08
2	上海	158	6.56	18	天津	48	1.99
3	山东	154	6.40	19	吉林	42	1.74
4	江苏	153	6.36	20	云南	40	1.66
5	湖北	146	6.07	21	山西	30	1.25
6	湖南	127	5.28	22	甘肃	29	1.20
7	四川	104	4.32	23	贵州	28	1.16
8	浙江	99	4.11	24	河北	27	1.12
9	广东	97	4.00	25	黑龙江	26	1.08
10	陕西	84	3.49	26	新疆	16	0.66
11	河南	82	3.41	27	内蒙古	15	0.62
12	福建	78	3.24	28	海南	10	0.42
13	重庆	76	3.16	29	宁夏	7	0.29
14	江西	68	2.83	30	青海	7	0.29
15	安徽	67	2.78	31	西藏	4	0.17
16	辽宁	61	2.53				

如表3-11所示，除港澳台以外的31个省（市、自治区）均有立项，平均每个地区73.06项。北京排名第一，共承担了332项，占比为13.79%，处于第一梯队；上海、山东、江苏、湖北、湖南、四川、浙江、广东、陕西、河南、福建、重庆等地区的立项数量均高于平均立项数量，处于第二梯队；江西、安徽、辽宁等地区的立项数量均低于平均立项数量，处于第三梯队。

（五）立项题目分析

将2011至2020年的理论经济学科立项题目进行整理后，运用“图悦”软件进行分析，得出理论经济国家社科基金项目热词词频分布表（表3-12）及热词权重图（图3-16）。

表3-12 理论经济国家社科基金项目热词词频分布表

序号	1	2	3	4	5	6	7	8	9	10
关键词	马克思主义	丝绸之路	经济	中国	机制研究	政策	路径	产业	创新	效应
词频	100	58	581	493	248	239	237	208	208	178
权重	1.00	0.88	0.87	0.85	0.75	0.75	0.75	0.73	0.73	0.71

图3-16 理论经济国家社科基金项目热词权重图

如表3-12和图3-16所示，“马克思主义”出现了100次，权重值为1，其字号最大也最为明显；“丝绸之路”出现了58次，权重值为0.88；其次是“经济”“中国”“机制研究”“政策”“路径”“产业”“创新”“效应”。这些词语在权重图中都能被明显地标识出来，反映出国家社科基金项目中理论经济学科的关注热点。

三、发展趋势与研究热点

通过对2011至2020年国家社科基金理论经济学科项目基本情况的分析，可以得到以下结论。

1．理论经济学科发展趋缓。通过分析可以看出，虽然理论经济学科的立项数量有所增加，但相比其他学科，其立项占比却有所降低。2011至2020年间，理论经济学科的立项数量总体呈上升趋势，从2011年的207项增至2020年的274项，增长了32.37%。但与此同时，在国家社科基金的23个学科中，理论经济学科的立项占比却从2011年的5.33%降至2020年的4.30%，下降了1.03个百分点。

2．理论经济的研究地区过于集中。2011至2020年间，北京共承担了332项理论经济学科的项目，占比为13.79%，远超其他地区，甚至北京承担的项目数量超过了天津、吉林、云南、山西、甘肃、贵州、河北、黑龙江、新疆、内蒙古、海南、宁夏、青海、西藏等14个地区的项目数量之和。如此集中化的现象，在一定程度上不利于理论经济研究的均衡发展。

3．通过对理论经济国家社科基金项目热词词频分布及热词权重进行分析可以看出，近年来，理论经济学科主要关注以下几点：一是关于马克思主义经济学的研究，对马克思主义经济学的研究有助于继承和发展马克思主义，有助于不断推进马克思主义的中国化、时代化；二是构建中国特色社会主义政治经济学理论体系的研究，中国特色社会主义政治经济学是对中国特色社会主义经济建设实践经验的概括和总结，是当代中国的马克思主义政治经济学，是对马克思主义政治经济学的发展；三是“一带一路”背景下的理论经济研究，以及乡村振兴和城镇化背景下的理论经济研究，在国家战略背景下研究理论经济，可以促进国家战略的实施；四是有关供给侧结构性改革的研究，以理论经济为视角，研究供给侧结构性改革问题。

第五节 应用经济

一、引言

应用经济学是一门涉及经济生活各方面、应用性极强、对实践指导意义非常直接的经济学科。

通过对以往文献进行分析和整理，国内少有学者从国家社科基金应用经济学科立项的角度进行分析的成果。张俊瑞等通过对1993至2007年国家社科基金应用经济学科资助项目进行统计分析与研究，揭示了社科基金在资助学科、研究领域、选题上的一些规律，掌握了项目承担单位和申请人的总体状况，并提出了一些建议；相关研究还有张平等针对2012年国家社科基金经济学立项项目进行的分析研究。近年来，暂无从国家社科基金立项角度对应用经济学科进行研究分析的成果。

二、国家社科基金项目立项概况

从立项数量与占比情况、立项类型与占比情况、项目承担单位情况、立项地区分布情况、立项题目等方面对2011至2020年国家社科基金应用经济学科的立项情况进行统计分析和客观描述。

（一）各年度立项数量统计及占比分析

通过数据收集与整理，共得到3900项与应用经济学科相关的国家社科基金项目。按照年度顺序进行排列，得出了应用经济国家社科基金项目立项数量分布图（图3-17）。

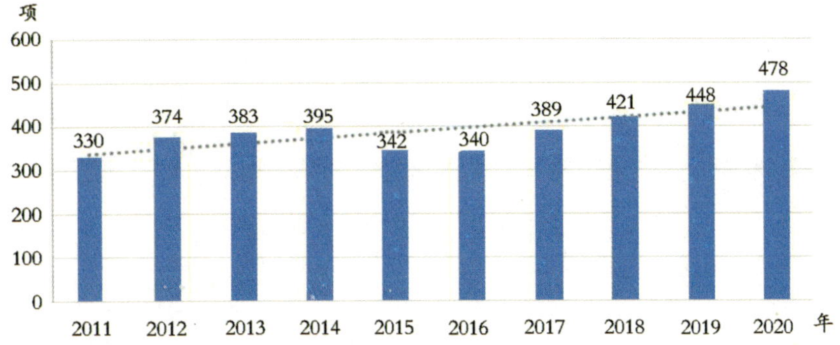

图3-17 应用经济国家社科基金项目立项数量分布图

如图3-17所示，2011至2020年，应用经济学科的立项数量呈波动上升趋势。2011至2014年，立项数量从330项增至395项；2015至2016年，立项数量有所下降，降至340项；2017至2020年，立项数量逐年增加，2020年的立项数量达到478项，为近年来的最高值。

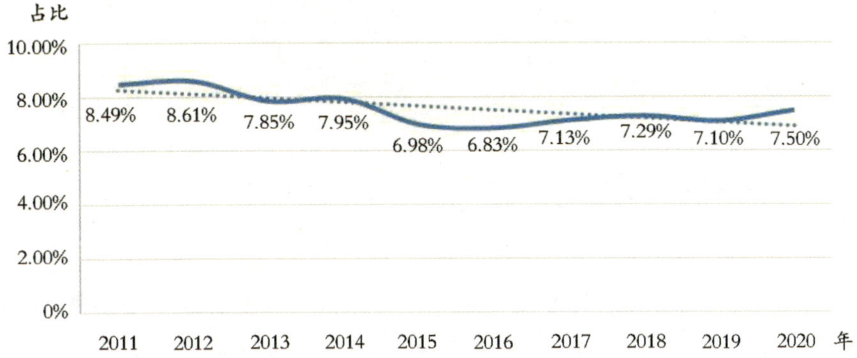

图3-18 应用经济国家社科基金项目立项占比图

如图3-18所示，2011至2020年，应用经济学科的立项数量在23个学科中的占比呈波段下降后趋于平稳的态势。具体来看，2011至2013年是第一个波段，立项占比从8.49%先增后降至7.85%；2013至2016年是第二个波段，立项占比从7.85%先增后降至6.83%；2017至2020年是第三个波段，总体呈上升趋势，立项占比在7.20%上下波动。

（二）各项目类型立项数量统计与占比分析

应用经济学科的立项项目分布于国家社科基金的重点项目、一般项目、青年项目、西部项目、后期资助项目、中华学术外译项目、成果文库等类型，2011至2020年应用经济国家社科基金各项目类型立项数量与占比情况如图3-19所示。

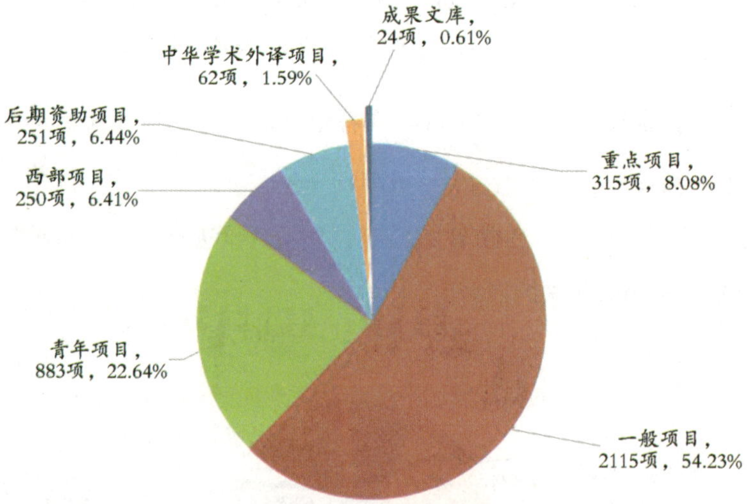

图3-19 应用经济国家社科基金各项目类型立项数量与占比情况图

据图3-19可知，在7类项目类型中，一般项目为主要的立项类型，立项数量为2115项，占比为54.23%；其次是青年项目，立项数量为883项，占比为22.64%；重点项目的立项数量为315项，占比为8.08%；后期资助项目和西部项目的立项数量相当，分别为251项和250项，占比分别为6.44%和6.41%；中华学术外译项目和成果文库的立项数量较少，尤其是成果文库，10年间的立项数量仅有24项，占比仅为0.61%。

（三）项目承担单位情况

通过对应用经济学科项目承担人所在单位进行统计分析，按照承担项目数量从多到少的顺序进行排列，选取排名前50的单位制作了应用经济学科项目高频承担单位分布情况表（表3-13）。

表3-13　应用经济学科项目高频承担单位分布情况表

序号	单位	数量（项）	占比（%）	序号	单位	数量（项）	占比（%）
1	中国社会科学院	102	2.62	24	广东财经大学	27	0.69
2	中南财经政法大学	62	1.59	25	西南大学	27	0.69
3	江西财经大学	52	1.33	26	北京工商大学	26	0.67
4	重庆工商大学	50	1.28	27	暨南大学	26	0.67
5	山东财经大学	49	1.26	28	四川大学	26	0.67
6	安徽财经大学	47	1.21	29	北京大学	25	0.64
7	中国人民大学	46	1.18	30	宁波大学	25	0.64
8	南京财经大学	46	1.18	31	浙江工业大学	24	0.62
9	西南财经大学	45	1.15	32	华南理工大学	23	0.59
10	东北财经大学	42	1.08	33	中山大学	23	0.59
11	西安交通大学	41	1.05	34	湖南科技大学	23	0.59
12	中央财经大学	39	1.00	35	厦门大学	22	0.56
13	对外经济贸易大学	38	0.97	36	华南农业大学	22	0.56
14	首都经济贸易大学	38	0.97	37	武汉大学	22	0.56
15	浙江财经大学	36	0.92	38	湖南大学	22	0.56
16	湖南商学院	35	0.90	39	湖南农业大学	22	0.56
17	吉林大学	35	0.90	40	河南财经政法大学	21	0.54
18	南京审计大学	35	0.90	41	中国海洋大学	21	0.54
19	山东大学	33	0.85	42	上海财经大学	21	0.54
20	天津财经大学	33	0.85	43	云南大学	21	0.54
21	浙江大学	31	0.79	44	长沙理工大学	20	0.51
22	广西财经学院	30	0.77	45	内蒙古财经大学	20	0.51
23	重庆大学	29	0.74	46	上海社会科学院	20	0.51

续表

序号	单位	数量（项）	占比（%）	序号	单位	数量（项）	占比（%）
47	石河子大学	19	0.49	52	河北大学	18	0.46
48	郑州大学	19	0.49	53	华中农业大学	18	0.46
49	四川省社会科学院	19	0.49	54	山西财经大学	18	0.46
50	社会科学文献出版社	18	0.46	55	南开大学	18	0.46
51	广东金融学院	18	0.46	56	中央党校	18	0.46

如表3-13所示，从排名前50的项目承担单位分布情况来看，中国社会科学院排名第一，共承担了102项，占比为2.62%；中南财经政法大学排名第二，共承担了62项，占比为1.59%；江西财经大学排名第三，共承担了52项，占比为1.33%；其余单位承担项目的数量均在18项及以上，占比均在0.46%及以上。从项目承担单位的属性来看，56个单位中包含高等院校、社科院系统、党校系统、出版单位，其中高等院校的占比为91.07%，而高等院校中的财经类大学是承担项目的主要力量。

（四）立项地区分布情况

对应用经济学科立项地区的分析，可以考察2011至2020年各地区应用经济学科的学术科研能力及发展状况，表3-14对应用经济学科的立项地区分布情况做了统计。

表3-14　应用经济学科立项地区分布情况表

序号	地区	数量（项）	占比（%）	序号	地区	数量（项）	占比（%）
1	北京	354	9.08	6	浙江	213	5.46
2	山东	251	6.44	7	广东	200	5.13
3	江苏	233	5.97	8	重庆	183	4.69
4	湖南	227	5.82	9	上海	176	4.51
5	湖北	217	5.56	10	四川	169	4.33

续表

序号	地区	数量（项）	占比（%）	序号	地区	数量（项）	占比（%）
11	河南	165	4.23	22	云南	61	1.56
12	陕西	147	3.77	23	甘肃	45	1.15
13	江西	127	3.26	24	内蒙古	35	0.90
14	辽宁	104	2.67	25	贵州	33	0.85
15	安徽	100	2.56	26	青海	32	0.82
16	黑龙江	87	2.23	27	山西	29	0.74
17	福建	86	2.21	28	新疆	28	0.72
18	天津	83	2.13	29	海南	19	0.49
19	河北	76	1.95	30	宁夏	15	0.38
20	广西	71	1.82	31	西藏	12	0.31
21	吉林	71	1.82				

如表3-14所示，除港澳台以外的31个省（市、自治区）均有立项，平均每个地区117.71项。北京排名第一，共承担了354项，占比为9.08%，处于第一梯队；山东、江苏、湖南、湖北、浙江、广东、重庆、上海、四川、河南、陕西、江西等地区的立项数量均高于平均立项数量，处于第二梯队；辽宁、安徽、黑龙江等地区的立项数量均低于平均立项数量，处于第三梯队。

（五）立项题目分析

将2011至2020年的应用经济学科立项题目进行整理后，运用“图悦”软件进行分析，得出应用经济国家社科基金项目热词词频分布表（表3-15）及热词权重图（图3-20）。

表3-15　应用经济国家社科基金项目热词词频分布表

序　号	1	2	3	4	5	6	7	8	9	10
关键词	机制研究	路径	政策	金融	效应	创新	产业	经济	机理	对策
词　频	490	389	555	366	309	360	344	386	190	230
权　重	1.00	0.99	0.98	0.96	0.95	0.95	0.95	0.94	0.94	0.94

图3-20　应用经济学国家社科基金项目热词权重图

如表3-15和图3-20所示，“机制研究”出现了490次，权重值为1.00，其字号最大也最为明显；“路径”出现了389次，权重值为0.99；其次是“政策”“金融”“效应”“创新”“产业”“经济”“机理”“对策”。这些词语在权重图中都能被明显地标识出来，反映出国家社科基金项目中应用经济学科的关注热点。

三、发展趋势与研究热点

通过对2011至2020年国家社科基金应用经济学科项目基本情况的分析，可以得到以下结论。

1. 近年来，应用经济学科越来越受到重视。作为实践指导意义非常强的学科，从立项的角度来看，2011至2020年，年均立项390项，年均立项占比约为7.50%。与其他学科相比，无论是立项数量还是立项占比，排名均比较靠前，从一定程度上反映出应用经济学科的重要程度，并从侧面反映出国家以经济建设为中心的方针政策，以及一切研究成果为国家经济建设提供智力支持的工作方向。

2．经济类高等院校是应用经济研究的主要阵地。通过对项目承担单位情况进行分析可以看出，承担项目数量排名前50的单位中，经济类高等院校占了较大比重，这说明经济类高等院校在应用经济学科国家社科基金项目的发展中起了重要作用，并促进了应用经济研究的发展与繁荣。

3．北京、山东、江苏等地区是应用经济研究的重要区域。通过对立项地区分布情况进行分析可以看出，北京、山东、江苏等地区是应用经济研究的重要领域，2011至2020年间，3个地区共承担了838个项目，占比为21.49%。3个地区承担项目的占比甚至超过了黑龙江、福建、天津、河北、广西、吉林、云南、甘肃、内蒙古、贵州、青海、陕西、新疆、海南、宁夏、西藏等16个地区的占比之和。

4．应用经济研究与国家政策紧密结合。通过对应用经济国家社科基金项目热词词频分布及热词权重进行分析可以看出，应用经济学科的重点关注领域与国家政策紧密结合。应用经济研究与产业结构转型相结合、与数字经济相结合、与城镇化建设相结合，这也反映出应用经济对服务国家重大战略、促进区域经济发展、推动产业转型升级、改善民生福利等方面具有重要的指导意义。

第六节　政治学

一、引言

政治学是一门以国家的活动、形式和关系及其发展规律为主要研究对象的学科，是当代社会科学的重要基础学科之一。

通过对以往文献进行分析和整理，国内已有部分学者从国家社科基金政治学学科立项的角度进行了研究。魏崇辉等依据2012至2019年国家社科基金政治学立项数据，对政治学类国家社科基金立项概况进行了分析，揭示了政治学类国家社科基金项目的研究热点变迁及政治学类国家社科基金项目的研究趋势；李振通过对1993至2008年国家社科基金政治学类立项概况进行分析，从立项数量、立项主题、项目成果形式和立项机构分布等方面呈现出了中国政治学的发展状况，并且总结了政治学学科发展过程中的经验和问题；邢旭等从项目立项年度分布、立项类别、项目负责人职称、单位类别与地区分布等角度对国家社科基金1991至2015年政治学立项课题进行了计量分析；张永汀采用文献计量的方法对1993至2012年我国政治学学科研究领域的国家社科基金项目情况进行了分析，揭示了我国政治学学科的研究现状及发展趋势。

二、国家社科基金项目立项概况

从立项数量与占比情况、立项类型与占比情况、项目承担单位情况、立项地区分布情况、立项题目等方面对2011至2020年国家社科基金政治学学科的立项情况进行统计分析和客观描述。

（一）各年度立项数量统计与占比分析

通过数据收集与整理，共得到1852项与政治学学科相关的国家社科基金项目。按照年度顺序进行排列，得出了政治学国家社科基金项目立项数量分布图（图3-21）。

如图3-21所示，2011至2020年，政治学学科的立项数量呈波段上升趋势。2011至2016年是第一个波段，立项数量由142项增至190项，后降至173项；2016至2019年是第二个波段，立项数量由173项增至213项，后降至202项；2020年开始是第三个波段，立项数量增至209项。

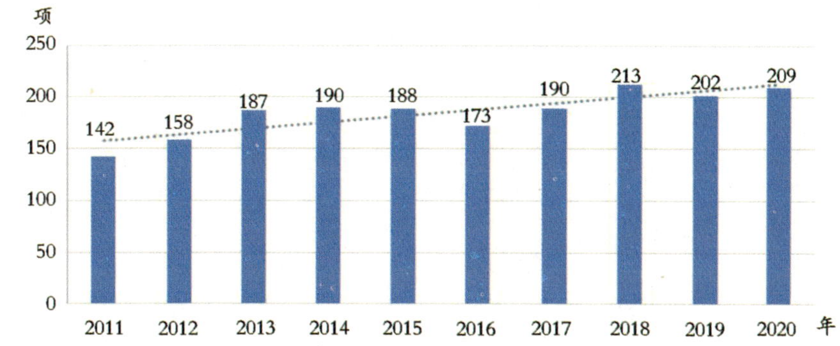

图3-21　政治学国家社科基金项目立项数量分布图

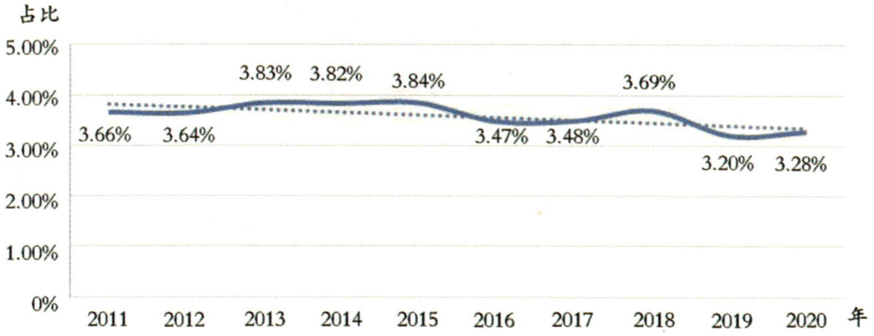

图3-22　政治学国家社科基金项目立项占比图

如图3-22所示，2011至2020年，政治学学科的立项数量在23个学科中的占比总体呈下降趋势。2011至2013年，立项占比先降后升，2013年的立项占比达到3.83%；2013至2015年，立项占比在3.83%上下波动，2015年的立项占比达到3.84%，是近年来的最高值；2016至2017年，立项占比下降至3.47%和3.48%；2018至2019年，立项占比从3.69%降至3.20%；2020年的立项占比为3.28%。虽然图3-22中显示的立项占比波动幅度较大，但具体来看，立项占比从2015年的最高值到2020年仅下降了0.56个百分点。

（二）各项目类型立项数量统计与占比分析

政治学学科的立项项目分布于国家社科基金的重点项目、一般项目、青年项目、西部项目、后期资助项目、中华学术外译项目、成果文库等类型，2011至2020年政治学国家社科基金各项目类型立项数量与占比情况如图3-23所示。

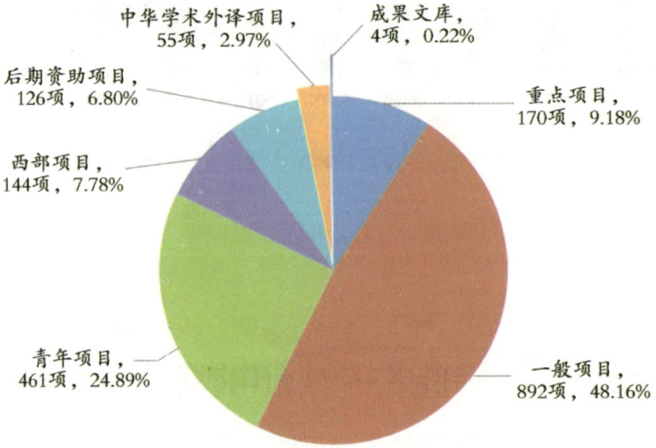

图3-23　政治学国家社科基金各项目类型立项数量与占比情况图

据图3-23可知，在7类项目类型中，一般项目为主要的立项类型，立项数量为892项，占比为48.16%；其次是青年项目，立项数量为461项，占比为24.89%；重点项目的立项数量为170项，占比为9.18%；西部项目和后期资助项目的立项数量分别为144项和126项，占比分别为7.78%和6.80%；中华学术外译项目和成果文库的立项数量较少，尤其是成果文库，10年间的立项数量仅有4项，占比仅为0.22%。

（三）项目承担单位情况

通过对政治学学科项目承担人所在单位进行统计分析，按照承担项目数量从多到少的顺序进行排列，选取排名前50的单位制作了政治学学科项目高频承担单位分布情况表（表3-16）。

表3-16 政治学学科项目高频承担单位分布情况表

序号	单位	数量（项）	占比（%）	序号	单位	数量（项）	占比（%）
1	华东政法大学	29	1.57	28	山西大学	15	0.81
2	华中师范大学	28	1.51	29	深圳大学	14	0.76
3	吉林大学	26	1.40	30	武汉大学	14	0.76
4	复旦大学	25	1.35	31	湖南大学	14	0.76
5	厦门大学	24	1.30	32	浙江工商大学	14	0.76
6	中央党校	24	1.30	33	对外经济贸易大学	13	0.70
7	南京大学	23	1.24	34	广州大学	13	0.70
8	天津师范大学	23	1.24	35	东北大学	13	0.70
9	中山大学	22	1.19	36	上海交通大学	13	0.70
10	郑州大学	22	1.19	37	北京市委党校	12	0.65
11	上海市委党校	22	1.19	38	兰州大学	12	0.65
12	中国海洋大学	21	1.13	39	华中科技大学	12	0.65
13	北京大学	20	1.08	40	东北师范大学	12	0.65
14	山东大学	20	1.08	41	华东师范大学	12	0.65
15	云南大学	20	1.08	42	华南理工大学	11	0.59
16	中国人民大学	19	1.03	43	暨南大学	11	0.59
17	南京师范大学	18	0.97	44	贵州师范大学	11	0.59
18	中南财经政法大学	17	0.92	45	济南大学	11	0.59
19	湘潭大学	17	0.92	46	同济大学	11	0.59
20	四川大学	17	0.92	47	广西大学	10	0.54
21	南开大学	17	0.92	48	广西师范大学	10	0.54
22	浙江省委党校	17	0.92	49	河南大学	10	0.54
23	清华大学	16	0.86	50	西安交通大学	10	0.54
24	中国政法大学	16	0.86	51	上海社会科学院	10	0.54
25	黑龙江省委党校	16	0.86	52	上海师范大学	10	0.54
26	中国社会科学院	16	0.86	53	浙江大学	10	0.54
27	苏州大学	15	0.81				

如表3-16所示，从排名前50的项目承担单位分布情况来看，华东政法大学排名第一，共承担了29项，占比为1.57%；华中师范大学排名第二，共承担了28项，占比为1.51%；吉林大学排名第三，共承担了26项，占比为1.40%；其余单位承担项目的数量均在10项及以上，占比均在0.54%及以上。从项目承担单位的属性来看，53个单位中包含高等院校、社科院系统、党校系统，其中高等院校的占比为86.79%，党校系统的占比为9.43%，社科院系统的占比为3.77%。

（四）立项地区分布情况

对政治学学科立项地区的分析，可以考察2011至2020年间各地区政治学学科的学术科研能力及发展状况，表3-17对政治学学科的立项地区分布情况做了统计。

表3-17 政治学学科立项地区分布情况表

序号	地区	数量（项）	占比（%）	序号	地区	数量（项）	占比（%）
1	北京	192	10.37	17	福建	40	2.16
2	上海	177	9.56	18	黑龙江	36	1.94
3	江苏	149	8.05	19	陕西	35	1.89
4	浙江	102	5.51	20	甘肃	33	1.78
5	湖北	101	5.45	21	贵州	32	1.73
6	广东	98	5.29	22	江西	31	1.67
7	山东	81	4.37	23	内蒙古	22	1.19
8	四川	76	4.10	24	山西	22	1.19
9	湖南	69	3.73	25	新疆	22	1.19
10	河南	56	3.02	26	安徽	17	0.92
11	云南	56	3.02	27	河北	15	0.81
12	天津	53	2.86	28	青海	14	0.76
13	重庆	52	2.81	29	宁夏	13	0.70
14	广西	47	2.54	30	西藏	12	0.65
15	吉林	44	2.38	31	海南	6	0.32
16	辽宁	44	2.38				

如表3-17所示，除港澳台以外的31个省（市、自治区）均有立项，平均每个地区56.35项。北京、上海、江苏排名前三，立项数量分别为192项、177项、149项，占比分别为10.37%、9.56%、8.05%，处于第一梯队；浙江、湖北、广东、山东、四川、湖南等地区的立项数量均高于平均立项数量，处于第二梯队；河南、云南、天津等地区的立项数量均低于平均立项数量，处于第三梯队。

（五）立项题目分析

将2011至2020年的政治学学科立项题目进行整理后，运用“图悦”软件进行分析，得出政治学国家社科基金项目热词词频分布表（表3-18）及热词权重图（图3-24）。

表3-18　政治学国家社科基金项目热词词频分布表

序　号	1	2	3	4	5	6	7	8	9	10
关键词	治理	政治	机制研究	政府	公共	创新	制度	政策	建设	理论
词　频	483	278	277	273	162	132	125	119	108	99
权　重	1.00	0.93	0.95	0.91	0.88	0.86	0.85	0.84	0.83	0.83

图3-24　政治学国家社科基金项目热词权重图

如表3-18和图3-24所示，“治理”出现了483次，权重值为1.00，其字号最大也最为明显；“政治”出现了278次，权重值为0.93；其次是“机制研究”“政府”“公共”“创新”“制度”“政策”“建设”“理论”。这些词语在权重图中都能被明显地标识出来，反映出国家社科基金项目中政治学学科的关注热点。

三、发展趋势与研究热点

通过对2011至2020年国家社科基金政治学学科项目基本情况的分析，可以得到以下结论。

1. 总体来看，政治学学科的立项数量呈波段上升趋势，但与其他学科相比，立项占比相对偏低。通过分析可知，政治学学科的立项数量从2011年的142项增至2020年的209项，立项数量增长了47.18%，这与国家高度重视政治学学科建设息息相关。但从立项占比情况来看，从最高值3.84%降至3.28%，反映出还需要进一步加大对政治学学科的关注和扶持力度。

2. 一般项目和青年项目占据了政治学学科立项项目类型中的较大比例。2011至2020年间，我国政治学学科的一般项目共有892项，占比为48.16%，年均立项超过89项；其次是青年项目，共有461项，占比为24.89%，年均立项超过46项。说明这两类项目对于政治学学科的发展有着举足轻重的作用，还说明青年学者正逐步承担起政治学研究的重任。

3. 政治学学科项目承担单位的属性分布不均衡，且高等院校是我国政治学研究的主要阵地。从项目承担单位的属性来看，高等院校的占比为86.79%，说明近年来政治学研究已经在高等院校得到了快速的发展。但研究阵地仍需进一步扩展，从而推动我国政治学研究的深入发展。

4. 政治学学科立项地区分布兼有广泛性和集中性的特征。2011至2020年，除港澳台外的31个省（市、自治区）均有立项，立项覆盖面较广。但获得资助的地区呈现集中性的趋势，北京、上海、江苏是承担项目数量的前三名，承担项目的占比达到了27.98%，也就是说这3个地区承担了将近三分之一的项目，而安徽、河北、青海、宁夏、西藏、海南等6个地区仅承担了4.16%的项目。

5. 政治学国家社科基金项目研究与党中央全面深化改革总目标和重大路线、方针与政策紧紧相连。政治学国家社科基金项目热词权重图中的高权重词语有“治理”“政治”“机制研究”“政府”“公共”“创新”“制度”“政策”等，这说明政治学的研究更加面向现实、指向实践。

第七节　社会学

一、引言

社会学是一门从社会整体概念出发，通过社会关系和社会行为来研究社会的结构、功能、发生和发展规律的综合性学科。

通过对以往文献进行分析和整理，国内已有部分学者从国家社科基金社会学学科立项的角度进行研究。朱慧劼等通过对1991至2016年的社会学类项目进行分析，认为社会学类项目具有明显的空间取向和社会转型特征，并且研究对象广泛，研究议题多元；党苗苗等采取文献计量的方法对1994至2015年社会学立项的项目进行了分析，揭示了社会学学科的研究现状、发展规律及发展趋势；徐俊等使用SPSS软件对2004至2013年国家社科基金社会学立项数据进行分析，运用ROSTNA软件对社会学研究的热点进行社会网络与语义网络分析，发现近10年来社会学的立项研究主要集中在三农问题研究、社会建设和社会管理研究、民族地区问题研究、文化变迁与建设研究、社会组织和社会政策研究、特定群体研究等方面。

二、国家社科基金项目立项概况

从立项数量与占比情况、立项类型与占比情况、项目承担单位情况、立项地区分布情况、立项题目等方面对2011至2020年国家社科基社会学学科的立项情况进行统计分析和客观描述。

（一）各年度立项数量统计与占比分析

通过数据收集与整理，共得到2926项与社会学学科相关的国家社科基金项目。按照年度顺序进行排列，得出了社会学国家社科基金项目立项数量分布图（图3-25）。

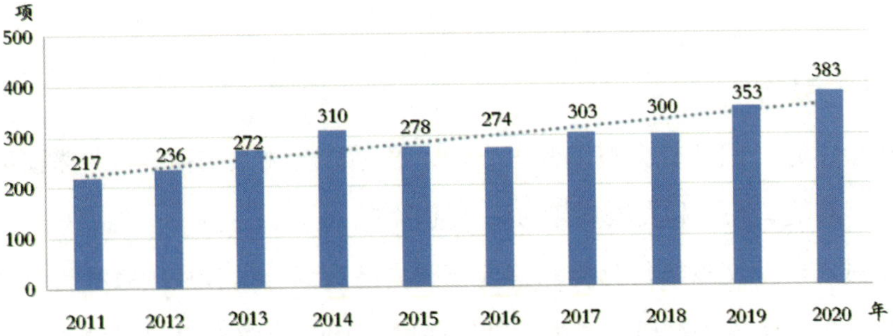

图3-25 社会学国家社科基金项目立项数量分布图

如图3-25所示，2011至2020年，社会学学科的立项数量呈波动上升趋势。2011至2014年，立项数量从217项增至310项；2015至2016年，立项数量相当，保持在270多项；从2017年开始，立项数量重新突破300项；到2020年，立项数量达到383项，为近年来的最高值。

如图3-26所示，2011至2020年，社会学学科的立项数量在23个学科中的占比总体稳定，其间，出现过一次波峰和一次谷底，近两年的立项占比有上升趋势。波峰出现在2014年，立项占比为6.24%，为近年来的最高值。谷底出现在2018年，立项占比为5.19%，为近年来的最低值。从2018年开始，立项占比开始呈逐年上升趋势，从2018年的5.19%增至2020年的6.01%。

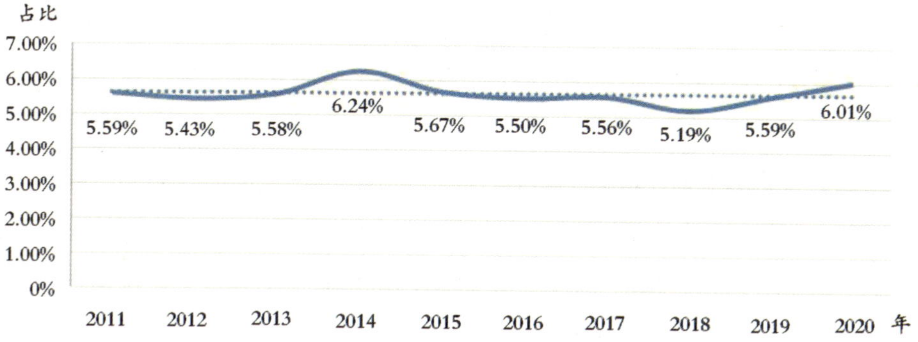

图3-26 社会学国家社科基金项目立项占比图

（二）各项目类型立项数量统计与占比分析

社会学学科的立项项目分布于国家社科基金的重点项目、一般项目、青年项目、西部项目、后期资助项目、中华学术外译项目、成果文库等类型，2011至2020年社会学国家社科基金各项目类型立项数量与占比情况如图3-27所示。

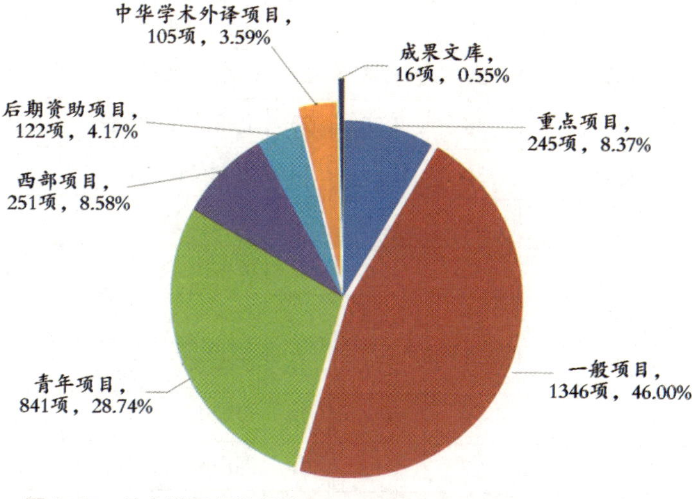

图3-27 社会学国家社科基金各项目类型立项数量与占比情况图

据图3-27可知，在7类项目类型中，一般项目为主要的立项类型，立项数量为1346项，占比为46.00%；其次是青年项目，立项数量为841项，占比为

28.74%；西部项目和重点项目的立项数量与占比相当，立项数量分别为251项和245项，占比分别为8.58%和8.37%；后期资助项目、中华学术外译项目、成果文库的立项数量较少，占比较低。

（三）项目承担单位情况

通过对社会学学科项目承担人所在单位进行统计分析，按照承担项目数量从多到少的顺序进行排列，选取排名前50的单位制作了社会学学科项目高频承担单位分布情况表（表3-19）。

表3-19 社会学学科项目高频承担单位分布情况表

序号	单位	数量（项）	占比（%）	序号	单位	数量（项）	占比（%）
1	中国社会科学院	67	2.29	18	武汉大学	26	0.89
2	中国人民大学	46	1.57	19	南京师范大学	26	0.89
3	中山大学	40	1.37	20	南开大学	26	0.89
4	西南大学	40	1.37	21	吉林大学	25	0.85
5	华中师范大学	39	1.33	22	山东大学	25	0.85
6	南京大学	38	1.30	23	上海社会科学院	25	0.85
7	华东理工大学	38	1.30	24	华中农业大学	24	0.82
8	北京师范大学	35	1.20	25	厦门大学	22	0.75
9	北京大学	30	1.03	26	中央民族大学	21	0.72
10	华东师范大学	30	1.03	27	广州大学	21	0.72
11	西安交通大学	28	0.96	28	云南师范大学	21	0.72
12	上海大学	28	0.96	29	深圳大学	20	0.68
13	中南大学	27	0.92	30	湖南师范大学	20	0.68
14	河海大学	27	0.92	31	江西财经大学	20	0.68
15	浙江大学	27	0.92	32	陕西师范大学	20	0.68
16	社会科学文献出版社	26	0.89	33	浙江工业大学	19	0.65
17	华中科技大学	26	0.89	34	安徽大学	18	0.62

续表

序号	单位	数量（项）	占比（%）	序号	单位	数量（项）	占比（%）
35	中央财经大学	18	0.62	45	重庆大学	16	0.55
36	东北师范大学	18	0.62	46	重庆工商大学	16	0.55
37	同济大学	18	0.62	47	重庆师范大学	16	0.55
38	云南大学	18	0.62	48	清华大学	15	0.51
39	浙江财经大学	17	0.58	49	贵州财经大学	15	0.51
40	中国农业大学	16	0.55	50	贵州师范大学	15	0.51
41	西北师范大学	16	0.55	51	哈尔滨工程大学	15	0.51
42	复旦大学	16	0.55	52	东南大学	15	0.51
43	上海市委党校	16	0.55	53	南昌大学	15	0.51
44	云南民族大学	16	0.55	54	浙江师范大学	15	0.51

如表3-19所示，从排名前50的项目承担单位分布情况来看，中国社会科学院排名第一，共承担了67项，占比为2.29%；中国人民大学排名第二，共承担了46项，占比为1.57%；中山大学和西南大学排名第三，均承担了40项，占比均为1.37%；其余单位承担项目的数量均在15项及以上，占比均在0.51%及以上。从项目承担单位的属性来看，54个单位中包含高等院校、社科院系统、党校系统、出版单位，其中高等院校的数量最多。

（四）立项地区分布情况

对社会学学科立项地区的分析，可以考察2011至2020年间各地区社会学学科的学术科研能力及发展状况，表3-20对社会学学科的立项地区分布情况做了统计。

表3-20 社会学学科立项地区分布情况表

序号	地区	数量（项）	占比（%）	序号	地区	数量（项）	占比（%）
1	北京	349	11.93	17	天津	59	2.02
2	上海	246	8.41	18	甘肃	58	1.98
3	江苏	218	7.45	19	吉林	56	1.91
4	湖北	185	6.32	20	广西	51	1.74
5	浙江	174	5.95	21	安徽	48	1.64
6	广东	150	5.13	22	新疆	42	1.44
7	重庆	121	4.14	23	辽宁	41	1.40
8	山东	108	3.69	24	黑龙江	40	1.37
9	四川	108	3.69	25	内蒙古	33	1.13
10	陕西	97	3.32	26	宁夏	29	0.99
11	云南	92	3.14	27	青海	25	0.85
12	湖南	89	3.04	28	河北	24	0.82
13	福建	78	2.67	29	海南	19	0.65
14	河南	77	2.63	30	山西	17	0.58
15	贵州	62	2.12	31	西藏	15	0.51
16	江西	60	2.05				

如表3-20所示，除港澳台以外的31个省（市、自治区）均有立项，平均每个地区89.39项。北京排名第一，共承担了349项，占比为11.93%，处于第一梯队；上海、江苏、湖北、浙江、广东、重庆、山东、四川、陕西、云南等地区的立项数量均高于平均立项数量，处于第二梯队；湖南、福建、河南等地区的立项数量均低于平均立项数量，处于第三梯队。立项数量最少的地区是西藏，10年间仅有15项，处于第一梯队的北京的立项数量是西藏的23倍多。

（五）立项题目分析

将2011至2020年的社会学学科立项题目进行整理后，运用“图悦”软件进行分析，得出社会学国家社科基金项目热词词频分布表（表3-21）及热词权重图（图3-28）。

表3-21 社会学国家社科基金项目热词词频分布表

序 号	1	2	3	4	5	6	7	8	9	10
关键词	治理	机制研究	中国	农村	文化	城市	政策	模式	路径	创新
词 频	417	344	292	267	246	172	156	155	149	149
权 重	1.00	0.97	0.94	0.93	0.91	0.85	0.84	0.84	0.83	0.83

图3-28 社会学国家社科基金项目热词权重图

如表3-21和图3-28所示，“治理”出现了417次，权重值为1.00，其字号最大也最为明显；“机制研究”出现了344次，权重值为0.97；其次是“中国”“农村”“文化”“城市”“政策”“模式”“路径”“创新”。这些词语在权重图中都能被明显地标识出来，反映出国家社科基金项目中社会学学科的关注热点。

三、发展趋势与研究热点

通过对2011至2020年国家社科基金社会学学科项目基本情况的分析，可以得到以下结论。

1. 社会学的学科地位在不断加强。通过分析可知，社会学学科的立项数量从2011年的217项增至2020年的383项，立项数量增长了76.50%。社会学学科的立项占比从2011年的5.59%增至2020年的6.01%，增长了0.42个百分点。由此可见，无论是社会学学科的立项数量还是立项占比都有所提高，说明社会学的学科地位在不断加强。

2. 中国社会科学院在社会学研究方面具有很强的实力，而高等院校是社会学研究的重要阵地。2011至2020年，中国社会科学院共承担了67个项目，占比为2.29%，在所有单位中排名第一，充分显示出了它在社会学研究领域的实力。在承担项目数量排名前50的54个单位中，高等院校的占比为92.59%，处于绝对的领先地位，表明高等院校在社会学的研究中起到了举足轻重的作用。

3. 社会学国家社科基金项目热词受国家政策的影响较强。以“农村”为例，“农村”这一关键词的明显增势出现在2018年，而2017年中央农村工作会议明确了实施乡村振兴战略的目标任务，可见相关政策对国家社科基金社会学学科研究的影响。

第八节 法学

一、引言

法学是研究“法”这一特定现象及其发展规律的学科。法学随着“法”的出现而出现，中国的法学是马克思主义法学的基本原理同中国社会主义法治建设的具体实践相结合的产物，符合中国国情，是有中国特色的法学。

通过对以往文献进行分析和整理，国内已有部分学者从国家社科基金法学学科立项的角度进行研究。黄谷香等对1995至2004年、2005至2014年两个10年间的国家社科基金法学立项数据进行了对比分析，发现国家资源的分配更加均衡，法学研究机构间的竞争更加激烈，但法学的重点学科与研究热点始终与国家需求紧密相关；常安对1993至2004年国家社科基金立项的法学类项目进行了分析，并通过与经济学立项项目作比较，以及对法学类项目在国家社科基金项目中的占比进行分析，来呈现法学作为一门独立学科在整个人文社会科学界的地位变迁；刘燕对2011至2018年法学类国家社科基金项目的年代分布、项目类型、所属系统、地域分布和项目负责人进行了分析，总结出法学学科年度立项总量呈现平稳上升趋势，并且在众多科研机构中，高校研究聚集态势明显。

二、国家社科基金项目立项概况

从立项数量与占比情况、立项类型与占比情况、项目承担单位情况、立项地区分布情况、立项题目等方面对2011至2020年国家社科基金法学学科的立项情况进行统计分析和客观描述。

（一）各年度立项数量统计与占比分析

通过数据收集与整理，共得到4031项与法学学科相关的国家社科基金项目。按照年度顺序进行排列，得出了法学国家社科基金项目立项数量分布图（图3-29）。

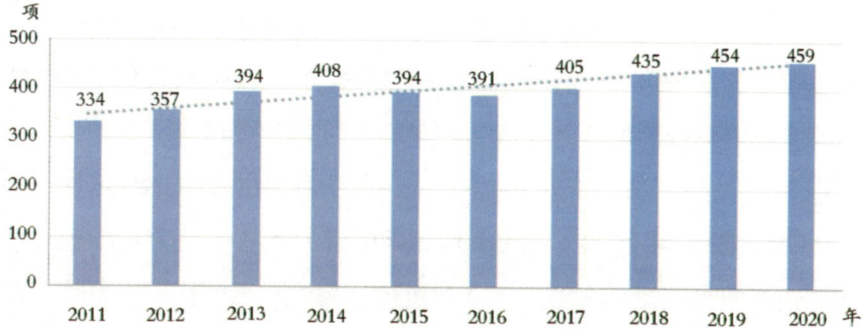

图3-29　法学国家社科基金项目立项数量分布图

如图3-29所示，2011至2020年，法学学科的立项数量呈波动上升趋势。2011至2014年，立项数量从334项增至408项；2015至2016年，立项数量有所下降，降至391项；2017至2020年，立项数量开始逐年上升，到2020年，立项数量达到459项，为近年来的最高值。

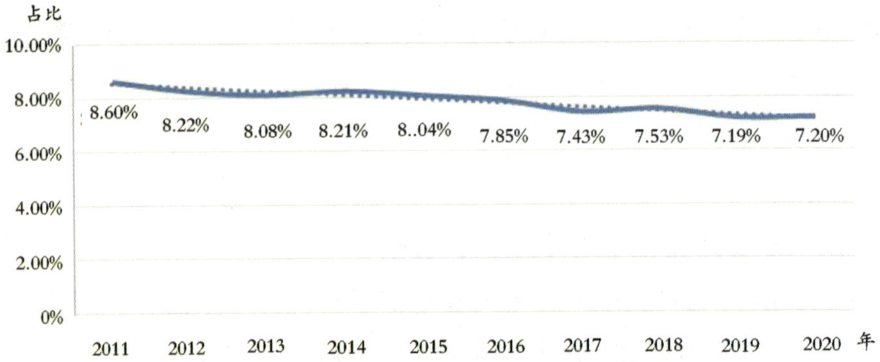

图3-30　法学国家社科基金项目立项占比图

如图3-30所示，2011至2020年，法学学科的立项数量在23个学科中的占比总体呈下降趋势，且下降趋势明显。法学国家社科基金项目立项占比的最高值出现在2011年，为8.60%，之后总体呈下降趋势。2019年的立项占比为7.19%，为近年来的最低值。2011至2020年，立项占比共下降了1.40个百分点。

（二）各项目类型立项数量统计与占比分析

法学学科的立项项目分布于国家社科基金的重点项目、一般项目、青年项目、西部项目、后期资助项目、中华学术外译项目、成果文库等类型，2011至2020年法学国家社科基金各项目类型立项数量与占比情况如图3-31所示。

据图3-31可知，在7类项目类型中，一般项目为主要的立项类型，立项数量为1924项，占比为47.73%；其次是青年项目，立项数量为888项，占比为22.03%；后期资助项目排名第三，立项数量为537项，占比为13.32%；重点项目和西部项目的立项数量分别为315项和240项，占比分别为7.81%和5.95%；中华学术外译项目的立项数量较少，成果文库排名最后，这两种项目类别的占比均较低。

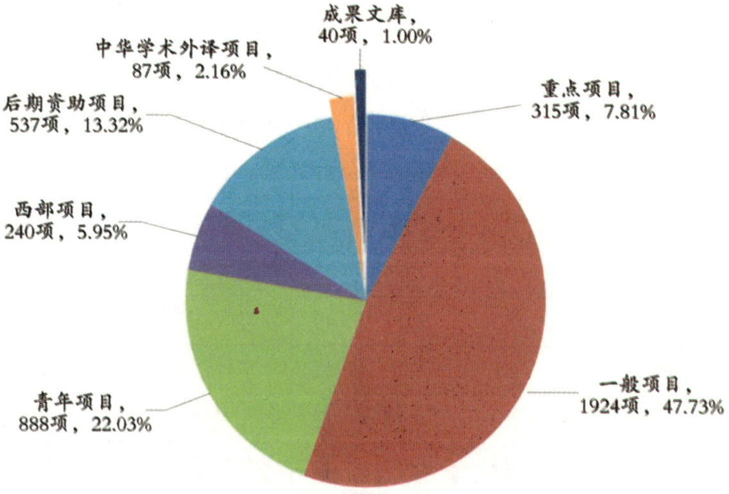

图3-31　法学国家社科基金各项目类型立项数量与占比情况图

（三）项目承担单位情况

通过对法学学科项目承担人所在单位进行统计分析，按照承担项目数量从多到少的顺序进行排列，选取排名前50的单位制作了法学学科项目高频承担单位分布情况表（表3-22）。

表3-22　法学学科项目高频承担单位分布情况表

序号	单位	数量（项）	占比（%）	序号	单位	数量（项）	占比（%）
1	西南政法大学	187	4.64	7	西北政法大学	69	1.71
2	中国政法大学	153	3.80	8	厦门大学	62	1.54
3	华东政法大学	143	3.55	9	吉林大学	61	1.51
4	中国人民大学	86	2.13	10	中国社会科学院	55	1.36
5	中南财经政法大学	83	2.06	11	北京大学	48	1.19
6	武汉大学	77	1.91	12	清华大学	48	1.19

续表

序号	单位	数量（项）	占比（%）	序号	单位	数量（项）	占比（%）
13	山东大学	46	1.14	34	中山大学	28	0.69
14	东南大学	45	1.12	35	暨南大学	26	0.65
15	浙江大学	45	1.12	36	湖南师范大学	26	0.65
16	北京师范大学	44	1.09	37	深圳大学	25	0.62
17	湖南大学	43	1.07	38	河南财经政法大学	25	0.62
18	中南大学	43	1.07	39	安徽大学	24	0.60
19	湘潭大学	42	1.04	40	甘肃政法学院	23	0.57
20	苏州大学	41	1.02	41	广东外语外贸大学	23	0.57
21	南京大学	40	0.99	42	上海对外经贸大学	23	0.57
22	郑州大学	39	0.97	43	上海政法学院	23	0.57
23	上海交通大学	39	0.97	44	南开大学	23	0.57
24	南京师范大学	37	0.92	45	云南大学	23	0.57
25	四川大学	36	0.89	46	宁波大学	23	0.57
26	对外经济贸易大学	33	0.82	47	上海社会科学院	22	0.55
27	复旦大学	33	0.82	48	首都经济贸易大学	21	0.52
28	重庆大学	33	0.82	49	河南大学	21	0.52
29	中央财经大学	30	0.74	50	福州大学	20	0.50
30	海南大学	30	0.74	51	大连海事大学	20	0.50
31	江西财经大学	30	0.74	52	山西大学	20	0.50
32	华南理工大学	29	0.72	53	西南财经大学	20	0.50
33	上海财经大学	29	0.72				

如表3-22所示，从排名前50的项目承担单位分布情况来看，西南政法大学排名第一，共承担了187项，占比为4.64%；中国政法大学排名第二，共承担了153项，占比为3.80%；华东政法大学排名第三，共承担了143项，占比为3.55%；其余单位承担项目的数量均在20项及以上，占比均在0.50%及以上。从

项目承担单位的属性来看，排名前50的单位中，主要是高等院校和社科院系统，其中高等院校是法学学科研究的重要阵地。

（四）立项地区分布情况

对法学学科立项地区的分析，可以考察2011至2020年间各地区法学学科的学术科研能力及发展状况，表3-23对法学学科的立项地区分布情况做了统计。

表3-23　法学学科立项地区分布情况表

序号	地区	数量（项）	占比（%）	序号	地区	数量（项）	占比（%）
1	北京	617	15.31	17	甘肃	69	1.71
2	上海	399	9.90	18	天津	66	1.64
3	江苏	294	7.29	19	安徽	62	1.54
4	湖北	249	6.18	20	云南	54	1.34
5	湖南	200	4.96	21	广西	53	1.31
6	浙江	190	4.71	22	新疆	44	1.09
7	重庆	186	4.61	23	贵州	38	0.94
8	广东	185	4.59	24	海南	38	0.94
9	山东	139	3.45	25	山西	36	0.89
10	河南	132	3.27	26	河北	35	0.87
11	陕西	124	3.08	27	黑龙江	32	0.79
12	四川	118	2.93	28	内蒙古	26	0.65
13	福建	114	2.83	29	宁夏	25	0.62
14	辽宁	80	1.98	30	青海	18	0.45
15	江西	79	1.96	31	西藏	14	0.35
16	吉林	70	1.74				

如表3-23所示，除港澳台以外的31个省（市、自治区）均有立项，平均每个地区122.13项。北京排名第一，共承担了617项，占比为15.31%，处于第一

梯队；上海、江苏、湖北、湖南、浙江、重庆、广东、山东、河南、陕西等地区的立项数量均高于平均立项数量，处于第二梯队；四川、福建、辽宁等地区的立项数量均低于平均立项数量，处于第三梯队。

（五）立项题目分析

将2011至2020年的法学学科立项题目进行整理后，运用“图悦”软件进行分析，得出法学国家社科基金项目热词词频分布表（表3-24）及热词权重图（图3-32）。

表3-24　法学国家社科基金项目热词词频分布表

序　号	1	2	3	4	5	6	7	8	9	10
关键词	制度	问题研究	中国	机制研究	制度研究	治理	司法	立法	规制	理论
词　频	572	544	448	267	262	252	237	202	192	192
权　重	1.00	0.99	0.96	0.88	0.88	0.87	0.86	0.84	0.83	0.83

图3-32　法学国家社科基金项目热词权重图

如表3-24和图3-32所示，“制度”出现了572次，权重值为1.00，其字号最大也最为明显；“问题研究”出现了544次，权重值为0.99；其次是“中国”“机制研究”“制度研究”“治理”“司法”“立法”“规制”“理论”。这些词语在权重图中都能被明显地标识出来，反映出国家社科基金项目中法学学科的关注热点。

三、发展趋势与研究热点

通过对2011至2020年国家社科基金法学学科项目基本情况的分析，可以得到以下结论。

1. 法学学科的立项数量平稳增加，立项占比趋于稳定，学科发展较为成熟。法学学科的立项数量从2011年的334项增至2020年的459项，与此同时，法学学科的立项占比从2011年的8.60%平缓降至2020年的7.20%，这说明法学学科正在逐步发展成熟。

2. 政法类高等院校是法学研究的重要力量。法学学科项目承担单位的前3名均是政法类高等院校，所承担项目的数量也远超其他单位。政法类高等院校拥有一批在该领域有一定学术成果的学科带头人，同时也培养了一批青年学者，构建了年龄结构较为合理的研究梯队，这使得政法类高等院校在法学研究领域有着重要地位。

3. 法学学科的立项地区分布不均衡。经济社会发达地区与落后地区相比，立项数量与立项占比相差巨大。虽然西部项目的设立缩小了这一差距，但如宁夏、青海、西藏等地区法学学科的研究实力仍是无法与北京等地区相比。

4. 伴随着全面深化改革开放、全面推进依法治国、不断加快建设社会主义法治国家，法学的研究将集中于完善各类法律制度的研究、法律问题研究、中国法学研究、各类法律机制研究、社会治理相关法律研究、立法与司法研究等。

第九节 国际问题研究

一、引言

国际问题研究学科主要是对当前国际政治、世界经济等领域的重大问题进行战略研究，进而提出意见和建议，以供决策参考。

通过对以往文献进行分析和整理，国内少有从国家社科基金国际问题研究学科立项的角度进行分析的成果。张永汀从立项时间、立项数量、立项类型、地区分布、项目主持人、所属单位、成果形式等角度对1999至2011年我国国际问题研究领域的国家社会科学基金项目情况进行了统计分析，描述了我国国际问题研究的现状，促进了我国国际问题研究学科的进一步发展。

二、国家社科基金项目立项概况

从立项数量与占比情况、立项类型与占比情况、项目承担单位情况、立项地区分布情况、立项题目等方面对2011至2020年国家社科基金国际问题研究学科的立项情况进行统计分析和客观描述。

（一）各年度立项数量统计与占比分析

通过数据收集与整理，共得到1427项与国际问题研究学科相关的国家社科基金项目。按照年度顺序进行排列，得出了国际问题研究国家社科基金项目立项数量分布图（图3-33）。

如图3-33所示，2011至2020年，国际问题研究学科的立项数量呈波动上升趋势。2011至2014年为第一个上升阶段，立项数量从不足100项增至134项；2015至2019年为第二个上升阶段，立项数量从132项增至198项；2020年的立项数量稍有回落，为175项。

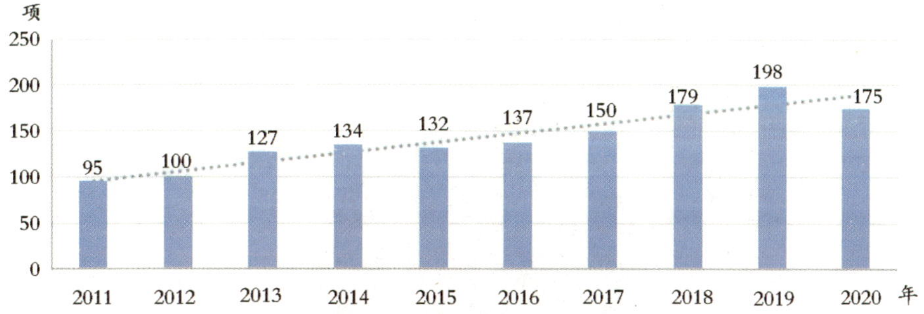

图3-33 国际问题研究国家社科基金项目立项数量分布图

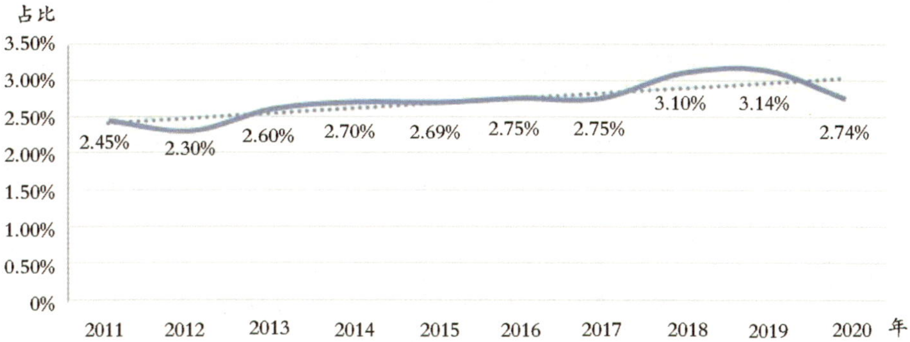

图3-34 国际问题研究国家社科基金项目立项占比图

如图3-34所示，2011至2020年，国际问题研究学科的立项数量在23个学科中的占比较小，基本都在3.00%以下。10年间，国际问题研究学科的立项占比出现过一个低谷和一个波峰。低谷出现在2012年，立项占比为2.30%。波峰出现在2018年和2019年，立项占比分别为3.10%和3.14%。其余年份的立项占比均在2.70%上下波动。

（二）各项目类型立项数量统计与占比分析

国际问题研究学科的立项项目分布于国家社科基金的重点项目、一般项目、青年项目、西部项目、后期资助项目、中华学术外译项目、成果文库等类型，2011至2020年国际问题研究国家社科基金各项目类型立项数量与占比情况如图3-35所示。

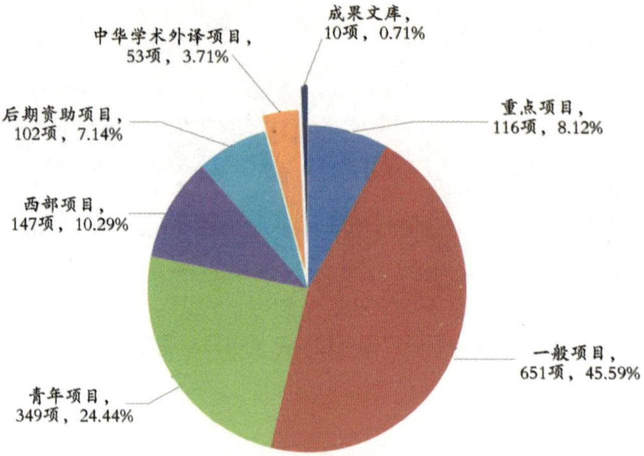

图3-35 国际问题研究国家社科基金各项目类型立项数量与占比情况图

据图3-35可知，在7类项目类型中，一般项目为主要的立项类型，立项数量为651项，占比为45.59%；其次是青年项目，立项数量为349项，占比为24.44%；西部项目排第三，立项数量为147项，占比为10.29%；重点项目和后期资助项目的立项数量分别为116项和102项，占比分别为8.12%和7.14%；中华学术外译项目和成果文库的立项数量较少，占比较低。

（三）项目承担单位分布情况

通过对国际问题研究学科项目承担人所在单位进行统计分析，按照承担项目数量从多到少的顺序进行排列，选取排名前50名的单位制作了国际问题研究学科项目高频承担单位分布情况表（表3-25）。

如表3-25所示，从排名前50名的项目承担单位分布情况来看，中国社会科学院排名第一，共承担了88项，占比为6.17%；上海外国语大学排名第二，共承担了32项，占比为2.24%；对外经贸大学和复旦大学排名第三，共承担了31项，占比为2.17%；其余单位承担项目的数量均在7项及以上，占比均在0.49%及以上。从项目承担单位的属性来看，除社科院系统外，还有高等院校、党校系统、上海国际问题研究院和出版单位，其中高等院校在国际问题研究学科的发展中占有重要位置。

表3-25　国际问题研究学科项目高频承担单位分布情况表

序号	单位	数量（项）	占比（%）	序号	单位	数量（项）	占比（%）
1	中国社会科学院	88	6.17	27	云南师范大学	12	0.84
2	上海外国语大学	32	2.24	28	广东外语外贸大学	11	0.77
3	对外经济贸易大学	31	2.17	29	清华大学	10	0.70
4	复旦大学	31	2.17	30	社会科学文献出版社	10	0.70
5	四川大学	28	1.96	31	湘潭大学	10	0.70
6	中央党校	27	1.89	32	南京大学	10	0.70
7	武汉大学	26	1.82	33	新疆师范大学	10	0.70
8	云南大学	26	1.82	34	浙江师范大学	10	0.70
9	北京大学	25	1.75	35	北京外国语大学	9	0.63
10	上海社会科学院	25	1.75	36	厦门大学	9	0.63
11	中国人民大学	20	1.40	37	兰州大学	9	0.63
12	上海国际问题研究院	20	1.40	38	海南大学	9	0.6[illegible]
13	吉林大学	19	1.33	39	国防大学	9	0.6[illegible]
14	上海对外经贸大学	16	1.12	40	大连海事大学	9	0.63
15	云南省社会科学院	16	1.12	41	山东财经大学	9	0.63
16	外交学院	15	1.05	42	北京师范大学	8	0.56
17	山东大学	15	1.05	43	国际关系学院	8	0.56
18	国防科技大学	14	0.98	44	黑龙江省社会科学院	8	0.56
19	华东师范大学	14	0.98	45	空军工程大学	8	0.56
20	南开大学	14	0.98	46	宁夏大学	8	0.56
21	延边大学	13	0.91	47	上海交通大学	8	0.56
22	同济大学	13	0.91	48	中国海洋大学	7	0.49
23	新疆财经大学	13	0.91	49	西安交通大学	7	0.49
24	暨南大学	12	0.84	50	华东政法大学	7	0.49
25	广西大学	12	0.84	51	云南财经大学	7	0.49
26	辽宁大学	12	0.84				

（四）立项地区分布情况

对国际问题研究学科立项地区的分析，可以考察2011至2020年间各地区国际问题研究学科的学术科研能力及发展状况，表3-26对国际问题研究学科的立项地区分布情况做了统计。

表3-26　国际问题研究学科立项地区分布情况表

序号	地区	数量（项）	占比（%）	序号	地区	数量（项）	占比（%）
1	北京	204	14.30	17	海南	24	1.68
2	上海	199	13.95	18	重庆	23	1.61
3	云南	87	6.10	19	福建	22	1.54
4	湖北	57	3.99	20	黑龙江	22	1.54
5	山东	57	3.99	21	贵州	18	1.26
6	四川	46	3.22	22	河南	18	1.26
7	吉林	43	3.01	23	河北	13	0.91
8	浙江	43	3.01	24	甘肃	12	0.84
9	广东	42	2.94	25	江西	9	0.63
10	新疆	38	2.66	26	安徽	8	0.56
11	天津	37	2.59	27	宁夏	8	0.56
12	广西	36	2.52	28	内蒙古	7	0.49
13	辽宁	30	2.10	29	山西	6	0.42
14	湖南	29	2.03	30	西藏	3	0.21
15	江苏	28	1.96	31	青海	1	0.07
16	陕西	26	1.82				

如表3-26所示，除港澳台以外的31个省（市、自治区）均有立项，平均每个地区38.58项。北京和上海分别承担了204项和199项，占比分别为14.30%和13.95%，处于第一梯队；云南、湖北、山东、四川、吉林、浙江、广东等地区

的立项数量均高于平均立项数量，处于第二梯队；新疆、天津、广西等地区的立项数量均低于平均立项数量，处于第三梯队。第一梯队与第二梯队的9个地区的立项数量将近是第三梯队22个地区立项数量的2倍。

（五）立项题目分析

将2011至2020年的国际问题研究学科立项题目进行整理后，运用“图悦”软件进行分析，得出国际问题研究国家社科基金项目热词词频分布表（表3-27）及热词权重图（图3-36）。

表3-27　国际问题研究国家社科基金项目热词词频分布表

序　号	1	2	3	4	5	6	7	8	9	10
关键词	丝绸之路	中国	战略	国际	对策	合作	美国	安全	一带一路	经济
词　频	74	414	262	188	158	141	138	130	129	95
权　重	1.00	0.88	0.81	0.77	0.74	0.72	0.72	0.71	0.71	0.67

图3-36　国际问题研究国家社科基金项目热词权重图

如表3-27和图3-36所示，“丝绸之路”出现了74次，权重值为1.00，其字号最大也最为明显；“中国”出现了414次，权重值为0.88；其次是“战略”“国际”“对策”“合作”“美国”“安全”“一带一路”“经济”。这些词语在权重图中都能被明显地标识出来，反映出国家社科基金项目中国际问题研究学科的关注热点。

三、发展趋势与研究热点

通过对2011至2020年国家社科基金国际问题研究学科项目基本情况的分析，可以得到以下结论。

1. 国际问题研究学科发展较晚，但发展速度较快，目前该学科已趋于稳定。国际问题研究学科基本上是在新中国成立后才逐步发展起来的，通过立项数量逐年攀升这一现象可以得知，该学科近年来的发展速度很快，目前国际问题研究学科已逐步趋于稳定。

2. 中国社会科学院是国际问题研究的中坚力量，高等院校是国际问题研究的主要阵地。中国社会科学院近10年来承担了88项国际问题研究学科的项目，占比为6.17%，在立项数量和立项占比上都远超其他单位，已经成为国际问题研究的中坚力量。高等院校在项目承担数量排名前50的单位中占有44个席位，占比为86.27%，是国际问题研究的主要阵地。

3. 国际问题研究的立项地区分布呈现出集中性和分散性。集中性体现在北京、上海、云南、湖北、山东、四川等9个地区所承担的项目数量将近是其余22个地区的2倍。分散性体现在无论是科研能力很强的北京、上海，还是科研能力相对较弱的西藏、青海都有项目立项。

4. 国际问题研究的热点与国家政策、国际热点问题紧密结合。2013年9月和10月，习近平主席在出访中亚和东南亚国家期间，先后提出共建“丝绸之路经济带”和“21世纪海上丝绸之路”的重大倡议。之后，广大学者围绕着“一带一路”建设过程中涉及的国际问题进行了深入研究，热词权重图中的“丝绸之路”“一带一路”便体现了广大学者对这项国家政策的关注。中国与美国都是世界大国，围绕中美关系的“合作”“安全”“经济”等都是国际问题研究的热点问题。

第十节　中国历史

一、引言

自国家社科基金设立中国历史学科以来，对中国历史学科的发展起到了极大的促进作用。

通过对以往文献进行分析和整理，从国家社科基金中国历史学科立项的角度进行分析研究的成果较少。时培磊以国家社科基金立项为视角，分析2010至2019年国家社科基金中国史学史的立项项目，发现中国历史学科具有鲜明的时代特征和问题意识，当前对中国史学史的研究从多角度、多视域进行开展，而且中青年学者表现出了很大的发展潜力；董明等以国家社科基金项目立项为视角，研究20年来自然灾害、生态环境、社会变迁情况，体现出了中国历史学科服务社会的社会功能，反映出了中国历史学科与其他学科的交叉优势。

二、国家社科基金项目立项概况

从立项数量与占比情况、立项类型与占比情况、项目承担单位情况、立项地区分布情况、立项题目等方面对2011至2020年国家社科基金中国历史学科的立项情况进行统计分析和客观描述。

（一）各年度立项数量统计与占比分析

通过数据收集与整理，共得到3403项与中国历史学科相关的国家社科基金项目。按照年度顺序进行排列，得出了中国历史国家社科基金项目立项数量分布图（图3-37）。

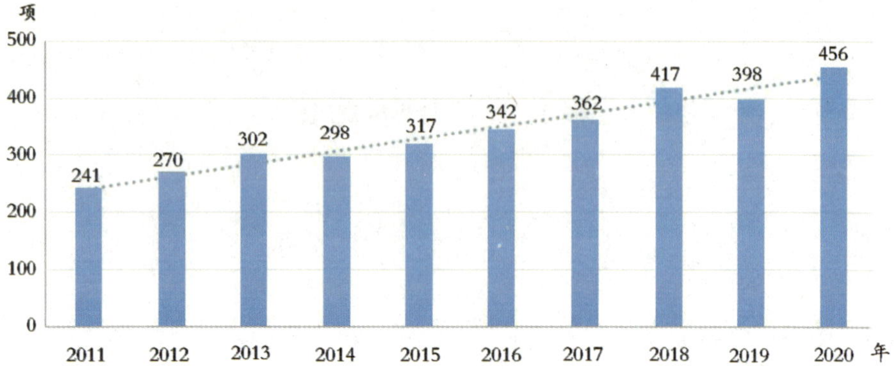

图3-37 中国历史国家社科基金项目立项数量分布图

如图3-37所示，2011至2020年，中国历史学科的立项数量总体呈上升趋势，具体可分为3个阶段。2011至2013年是第一个阶段，立项数量从241项增至302项；2014至2018年是第二个阶段，立项数量从298项增至417项；2019至2020年是第三个阶段，立项数量从398项增至456项。

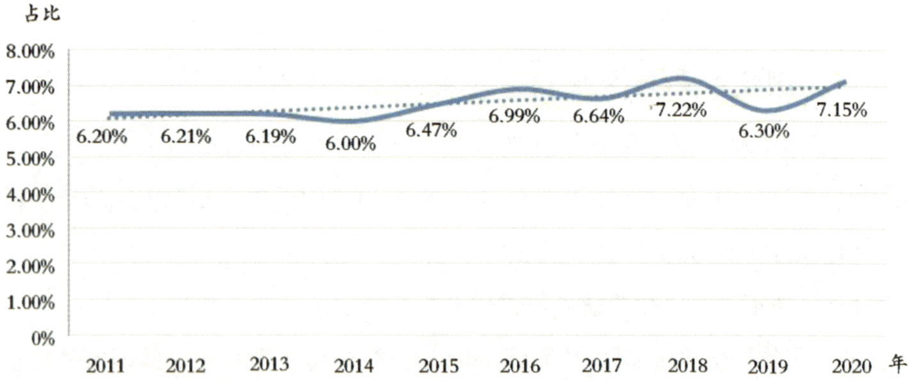

图3-38 中国历史国家社科基金项目立项占比

如图3-38所示，中国历史学科的立项数量在23个学科中的占比较高，总体呈波动上升趋势。2011至2013年，立项占比基本持平，保持在6.20%上下；

2014年开始出现波动，2014至2017年，立项占比从6.00%升至6.99%，后降至6.64%；2017至2019年，立项占比从6.64%升至7.22%，后降至6.30%；2020年的立项占比升至7.15%。

（二）各项目类型立项数量统计与占比分析

中国历史学科的立项项目分布于国家社科基金的重点项目、一般项目、青年项目、西部项目、后期资助项目、中华学术外译项目、成果文库等类型，2011至2020年中国历史学科国家社科基金各项目类型立项数量与占比情况如图3-39所示。

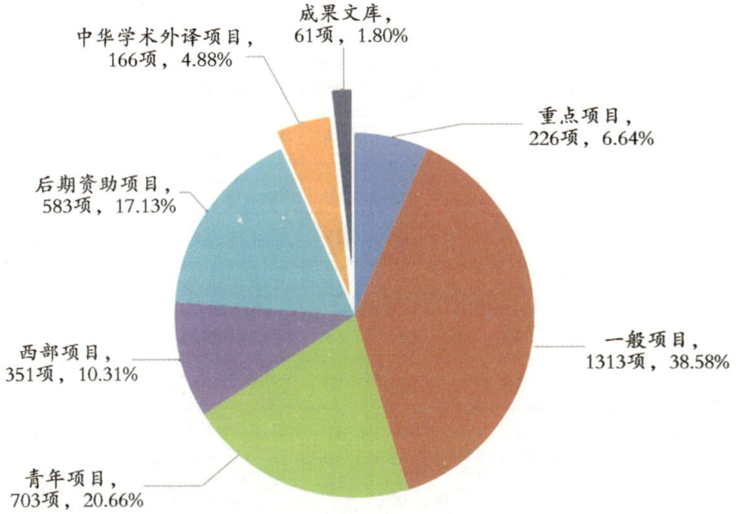

图3-39　中国历史学科国家社科基金各项目类型立项数量与占比情况图

据图3-39可知，在7类项目类型中，一般项目为主要的立项类型，立项数量为1313项，占比为38.58%；其次是青年项目，立项数量为703项，占比为20.66%；后期资助项目的立项数量为583项，占比为17.13%；西部项目和重点项目的立项数量分别为351项和226项，占比分别为10.31%和6.64%；中华学术外译项目、成果文库的立项数量较少，占比较低。

（三）项目承担单位情况

通过对中国历史学科项目承担人所在单位进行统计分析，按照承担项目数量从多到少的顺序进行排列，选取排名前50的单位制作了中国历史学科项目高频承担单位分布情况表（表3-28）。

表3-28 中国历史学科项目高频承担单位分布情况表

序号	单位	数量（项）	占比（%）	序号	单位	数量（项）	占比（%）
1	中国社会科学院	147	4.32	21	吉林大学	31	0.91
2	陕西师范大学	70	2.06	22	首都师范大学	30	0.88
3	四川大学	56	1.65	23	河北大学	30	0.88
4	中山大学	52	1.53	24	湖南师范大学	30	0.88
5	复旦大学	47	1.38	25	中国人民大学	29	0.85
6	南开大学	46	1.35	26	西北大学	29	0.85
7	山东大学	43	1.26	27	南京师范大学	28	0.82
8	北京师范大学	42	1.23	28	内蒙古大学	27	0.79
9	华东师范大学	40	1.18	29	内蒙古师范大学	27	0.79
10	暨南大学	38	1.12	30	上海社会科学院	27	0.79
11	河南大学	37	1.09	31	浙江大学	27	0.79
12	华中师范大学	37	1.09	32	兰州大学	26	0.76
13	上海师范大学	37	1.09	33	东北师范大学	26	0.76
14	河北师范大学	35	1.03	34	南京大学	26	0.76
15	云南大学	35	1.03	35	安徽师范大学	25	0.73
16	厦门大学	34	1.00	36	郑州大学	25	0.73
17	北京大学	33	0.97	37	江西师范大学	25	0.73
18	山西大学	32	0.94	38	清华大学	23	0.68
19	西南大学	32	0.94	39	湖南大学	23	0.68
20	武汉大学	31	0.91	40	曲阜师范大学	23	0.68

续表

序号	单位	数量（项）	占比（%）	序号	单位	数量（项）	占比（%）
41	山东师范大学	23	0.68	48	四川师范大学	19	0.56
42	浙江师范大学	23	0.68	49	杭州师范大学	19	0.56
43	中央民族大学	21	0.62	50	安徽大学	18	0.53
44	聊城大学	21	0.62	51	华南师范大学	18	0.53
45	上海交通大学	20	0.59	52	苏州大学	18	0.53
46	西北师范大学	19	0.56	53	辽宁师范大学	18	0.53
47	广西师范大学	19	0.56	54	宁波大学	18	0.53

如表3-28所示，从排名前50的项目承担单位分布情况来看，中国社会科学院排名第一，共承担了147项，占比为4.32%；陕西师范大学排名第二，共承担了70项，占比为2.06%；四川大学承担了56项，占比为1.65%；其余单位承担项目的数量均在18项及以上，占比均在0.53%及以上。从项目承担单位的属性来看，54个单位中包含社科院系统和高等院校，其中有高等院校52所，可见高等院校是中国历史学科研究的重要力量。

（四）立项地区分布情况

对中国历史学科立项地区的分析，可以考察2011至2020年间各地区中国历史学科的学术科研能力及发展状况，表3-29对中国历史学科的立项地区分布情况做了统计。

如表3-29所示，除港澳台以外的31个省（市、自治区）均有立项，平均每个地区102.55项。北京和上海分别承担了266项和245项，占比分别为7.82%和7.20%，处于第一梯队；江苏、山东、广东、陕西、河南、四川、浙江、湖北、甘肃、吉林、河北、湖南等地区的立项数量均高于平均立项数量，处于第二梯队；安徽、内蒙古、云南等地区的立项数量均低于平均立项数量，处于第三梯队。

表3-29 中国历史学科立项地区分布情况表

序号	地区	数量（项）	占比（%）	序号	地区	数量（项）	占比（%）
1	北京	266	7.82	17	云南	87	2.56
2	上海	245	7.20	18	重庆	84	2.47
3	江苏	187	5.50	19	江西	75	2.20
4	山东	184	5.41	20	天津	75	2.20
5	广东	166	4.88	21	福建	73	2.15
6	陕西	156	4.58	22	辽宁	73	2.15
7	河南	153	4.50	23	山西	69	2.03
8	四川	139	4.08	24	贵州	62	1.82
9	浙江	136	4.00	25	广西	49	1.44
10	湖北	131	3.85	26	黑龙江	45	1.32
11	甘肃	107	3.14	27	宁夏	36	1.06
12	吉林	105	3.09	28	新疆	34	1.00
13	河北	104	3.06	29	青海	20	0.59
14	湖南	103	3.03	30	海南	16	0.47
15	安徽	93	2.73	31	西藏	14	0.41
16	内蒙古	92	2.70				

（五）立项题目分析

将2011至2020年的中国历史学科立项题目进行整理后，运用“图悦”软件进行分析，得出中国历史国家社科基金项目热词词频分布表（表3-30）及热词权重图（图3-40）。

如表3-30和图3-40所示，“丝绸之路”出现了92次，权重值为1.00，其字号最大也最为明显；“中国”出现了440次，权重值为0.85；其次是“清代”“文献”“民国”“明清”“文化”“制度”“马克思主义”“近代”。这些词语在权重图中都能被明显地标识出来，反映出国家社科基金项目中中国历史学科的关注热点。

表3-30 中国历史国家社科基金项目热词词频分布表

序　号	1	2	3	4	5	6	7	8	9	10
关键词	丝绸之路	中国	清代	文献	民国	明清	文化	制度	马克思主义	近代
词　频	92	440	251	183	179	165	146	144	22	139
权　重	1.00	0.85	0.77	0.73	0.72	0.71	0.69	0.69	0.69	0.69

图3-40　中国历史国家社科基金项目热词权重图

三、发展趋势与研究热点

通过对2011至2020年国家社科基金中国历史学科项目基本情况的分析，可以得到以下结论。

1. 中国历史占有重要的学科地位。通过对中国历史学科的立项数量和立项占比情况进行分析可知，中国历史学科的立项数量最高达456项，立项占比最高达7.22%，相比于其他学科处于较高水平，这在一定程度上反映了中国历史的重要学科地位。

2. 中国历史学科有丰富的成果积累。通过对中国历史学科各项目类型立项数量及占比情况进行分析可以看出，相比于其他学科，中国历史学科的后期资助项目占有较大比例。国家社科基金中的后期资助项目要求申报项目的成果需要完成80%以上，要求以博士论文、博士后研究报告为基础申报的成果其增删、修改内容的篇幅要达到原论文字数的30%以上。后期资助项目的占比较高，这在一定程度上反映出从事中国历史研究的学者具有丰富的成果积累，因为只有在此基础上才能获批更多数量的国家社科基金后期资助项目。

3. 中国历史的研究地区分布广泛，高等院校是中国历史学科研究的重要阵地。通过对中国历史学科的立项地区分布情况进行分析可以看出，除港澳台外的31个省（市、自治区）均有立项，立项地区分布非常广泛。通过对项目承担单位情况进行分析可以看出，承担项目数量排名前50的54个单位中有52个为高等院校，占比将近96.30%。由此可以看出，高等院校在中国历史的研究中占有举足轻重的地位。

4. 中国历史学科既坚守传统研究，又发展社会热点的研究。通过对中国历史国家社科基金项目热词词频分布与热词权重进行分析可以看出，对传统的"文献""民国""明清"的研究仍是中国历史学科研究的重要关注点。与此同时，对"丝绸之路"等社会热点问题的研究也占有重要的权重。

第十一节　世界历史

一、引言

世界历史学科的研究对象的时空范围极为广阔，其根本任务是通过对世界历史进程中经济、政治、社会、文化、艺术、科技及不同民族、不同国家和不同地区互相影响与日趋联系紧密的具体研究，揭示人类历史的发展规律。

通过对以往文献进行分析和整理，从国家社科基金世界历史学科立项的角度进行分析研究的成果较少。现有成果中，董明从年度分布、项目类型、项目主持单位系统、项目研究内容及项目预期成果形式等方面，对1993至2010年国家社科基金世界历史学科立项数据进行了分析，探讨了世界历史学科的发展现状。

二、国家社科基金项目立项概况

从立项数量与占比情况、立项类型与占比情况、项目承担单位情况、立项地区分布情况、立项题目等方面对2011至2020年国家社科基金世界历史学科的立项情况进行统计分析和客观描述。

（一）各年度立项数量统计与占比分析

通过数据收集与整理，共得到1082项与世界历史学科相关的国家社科基金项目。按照年度顺序进行排列，得出了世界历史国家社科基金项目立项数量分布图（图3-41）。

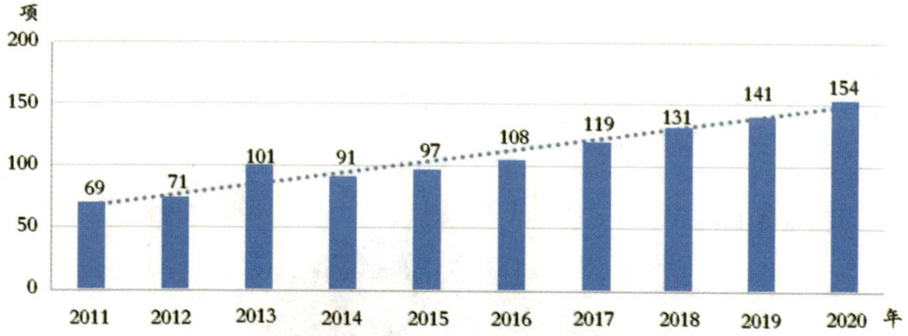

图3-41　世界历史国家社科基金项目立项数量分布图

如图3-41所示，2011至2020年，世界历史学科的立项数量总体呈上升趋势，仅在2014年有小幅回落，立项数量从2011年的69项增至2020年的154项，增幅为123.19%。

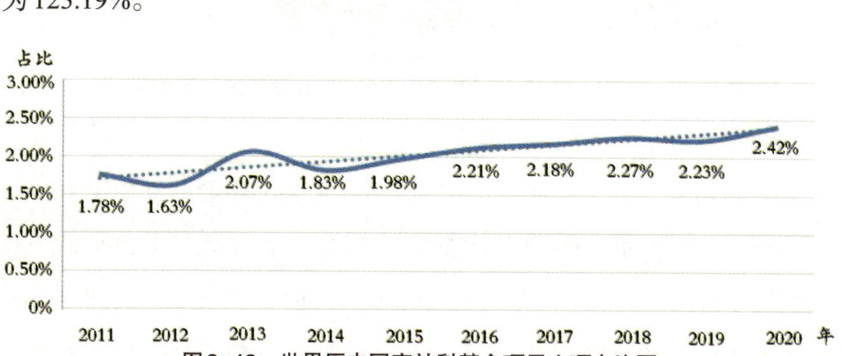

图3-42　世界历史国家社科基金项目立项占比图

如图3-42所示，世界历史学科的立项数量在23个学科中的占比较低，立项占比总体呈上升趋势。2011至2014年，立项占比有所波动，从2011年的1.78%降至2012年的1.63%，2013年升至2.07%，后降至2014年的1.83%；2014至2020年，立项占比总体呈上升趋势，2020年的立项占比达到2.42%，为近年来的最高值。

（二）各项目类型立项数量统计与占比分析

世界历史学科的立项项目分布于国家社科基金的重点项目、一般项目、青年项目、西部项目、后期资助项目、中华学术外译项目、成果文库等类型，2011至2020年世界历史国家社科基金各项目类型立项数量与占比情况如图3-43所示。

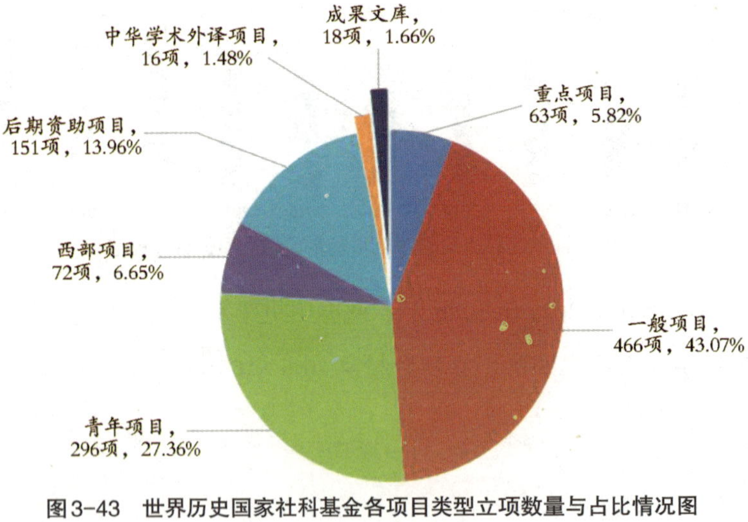

图3-43　世界历史国家社科基金各项目类型立项数量与占比情况图

据图3-43可知，在7类项目类型中，一般项目为主要的立项类型，立项数量为466项，占比为43.07%；其次是青年项目，立项数量为296项，占比为27.36%；后期资助项目的立项数量为151项，占比为13.96%；西部项目和重点项目的立项数量分别为72项和63项，占比分别为6.65%和5.82%；中华学术外译项目和成果文库的立项数量均较少，占比均较低。

（三）项目承担单位情况

通过对世界历史学科项目承担人所在单位进行统计分析，按照承担项目数量从多到少的顺序进行排列，选取排名前30的单位制作了世界历史学科项目高频承担单位分布情况表（表3-31）。

表3-31　世界历史学科项目高频承担单位分布情况表

序号	单位	数量（项）	占比（%）	序号	单位	数量（项）	占比（%）
1	东北师范大学	45	4.16	16	哈尔滨师范大学	17	1.57
2	中国社会科学院	41	3.79	17	厦门大学	16	1.48
3	北京大学	27	2.50	18	河南大学	16	1.48
4	南开大学	27	2.50	19	吉林大学	16	1.48
5	华东师范大学	25	2.31	20	浙江师范大学	16	1.48
6	首都师范大学	24	2.22	21	浙江大学	15	1.39
7	中山大学	24	2.22	22	华中师范大学	13	1.20
8	复旦大学	22	2.03	23	福建师范大学	12	1.11
9	上海师范大学	22	2.03	24	河南师范大学	12	1.11
10	陕西师范大学	21	1.94	25	郑州大学	12	1.11
11	北京师范大学	19	1.76	26	山东师范大学	12	1.11
12	天津师范大学	19	1.76	27	西北大学	12	1.11
13	西南大学	19	1.76	28	武汉大学	11	1.02
14	南京大学	18	1.66	29	湖南师范大学	11	1.02
15	四川大学	18	1.66	30	内蒙古民族大学	11	1.02

如表3-31所示，从排名前30的项目承担单位分布情况来看，东北师范大学排名第一，共承担了45项，占比为4.16%；中国社会科学院排名第二，共承担了41项，占比为3.79%；北京大学和南开大学排名第三，均承担了27项，占比

均为2.50%；其余单位承担项目的数量均在11项及以上，占比均在1.02%及以上。从项目承担单位的属性来看，高等院校和社科院系统是世界历史学科研究的主要阵地。

（四）立项地区分布情况

对世界历史学科立项地区的分析，可以考察2011至2020年间各地区世界历史学科的学术科研能力及发展状况，表3-32对世界历史学科的立项地区分布情况做了统计。

表3-32 世界历史学科立项地区分布情况表

序号	地区	数量（项）	占比（%）	序号	地区	数量（项）	占比（%）
1	北京	109	10.07	17	辽宁	21	1.94
2	上海	97	8.96	18	湖南	20	1.85
3	吉林	83	7.67	19	内蒙古	20	1.85
4	河南	58	5.36	20	贵州	17	1.57
5	浙江	58	5.36	21	广西	16	1.48
6	江苏	55	5.08	22	安徽	15	1.39
7	天津	52	4.81	23	甘肃	15	1.39
8	广东	50	4.62	24	江西	14	1.29
9	陕西	48	4.44	25	山西	14	1.29
10	山东	47	4.34	26	河北	13	1.20
11	湖北	37	3.42	27	海南	5	0.46
12	四川	36	3.33	28	宁夏	3	0.28
13	福建	35	3.23	29	青海	3	0.28
14	黑龙江	35	3.23	30	西藏	2	0.18
15	重庆	28	2.59	31	新疆	1	0.09
16	云南	24	2.22				

如表3-32所示，除港澳台以外的31个省（市、自治区）均有立项，平均每个地区33.26项。北京、上海、吉林分别承担了109项、97项、83项，占比分别为10.07%、8.96%、7.67%，处于第一梯队；河南、浙江、江苏、天津、广东、陕西、山东、湖北、四川、福建、黑龙江等地区的立项数量均高于平均立项数量，处于第二梯队；重庆、云南、辽宁等地区的立项数量均低于平均立项数量，处于第三梯队。

（五）立项题目分析

将2011至2020年的世界历史学科立项题目进行整理后，运用“图悦”软件进行分析，得出世界历史国家社科基金项目热词词频分布表（表3-33）及热词权重图（图3-44）。

表3-33　世界历史国家社科基金项目热词词频分布表

序　号	1	2	3	4	5	6	7	8	9	10
关键词	美国	世纪	丝绸之路	英国	历史	日本	政策	关系研究	文化	政治
词　频	155	136	20	116	109	83	71	53	53	50
权　重	1.00	0.97	0.96	0.94	0.93	0.88	0.85	0.79	0.79	0.78

图3-44　世界历史国家社科基金项目热词权重图

如表3-33和图3-44所示，“美国”出现了155次，权重值为1.00，其字号最大也最为明显；“世纪”出现了136次，权重值为0.97；其次是“丝绸之路”“英国”“历史”“日本”“政策”“关系研究”“文化”“政治”。这些词语在权重图中都能被明显地标识出来，反映出国家社科基金项目中世界历史学科的关注热点。

三、发展趋势与研究热点

通过对2011至2020年国家社科基金世界历史学科项目基本情况的分析，可以得到以下结论。

1. 世界历史学科的立项数量较少，但近年来总体呈上升趋势。2011至2020年，世界历史学科的年均立项为108.20项，平均占比为2.06%，立项数量在23个学科中相对较少，且占比不高。但从学科的自身发展来看，2011至2020年，世界历史学科的立项数量增长了123.19%，立项占比增长了0.64个百分点，呈明显上升趋势。

2. 高等院校和社科院系统是世界历史研究的主要阵地。承担项目数量排名前30的单位中包含29所高等院校和1所社会科学院，其中高等院承担了较多项目，而在社科院系统中，中国社会科学院承担了较多项目。

3. 世界历史的研究地区分布广泛，但集中性较强。除港澳台外的31个省（市、自治区）均有立项，体现了该学科研究地区的广泛性。但通过对不同地区承担项目的具体数量进行分析可以看出，北京承担的项目数量超过了项目总数量的十分之一，而新疆承担的项目数量不足项目总数量的千分之一。第一梯队的北京、上海、吉林3个地区承担的项目数量超过第三梯队17个地区的项目数量之和。如此大的数据差距，说明世界历史的研究有着较强的集中性。

4. 通过对世界历史国家社科基金项目热词词频分布和热词权重进行分析可以看出，当前世界历史学科的热点研究对象为“美国”“英国”“日本”，热点研究领域为“历史”“文化”“政治”。与此同时，世界历史学科注重从世界历史的角度研究时事热点问题，如对“丝绸之路”的研究等。

第十二节　考古学

一、引言

考古学在中国历史的研究中占有极其重要的地位，一些具有普遍意义的重大学术课题的解决也都有赖于考古学研究的新进展。

通过对以往文献进行分析和整理，从国家社科基金考古学学科立项的角度进行分析研究的成果较少。王晓华以1993至2010年间国家社科基金考古学学科的立项数据为研究对象，分析了考古学学科的项目总体数量、年度分布、项目类型、项目主持单位系统、项目研究内容及项目预期成果形式，探讨了考古学学科的发展现状，为考古学学科的进一步发展提供了参考意见；毛慧通过对“十二五”时期国家社科基金考古学立项课题的分析，厘清了考古学学科在国家社科基金体系中的课题占比和学术地位，并且进一步研究了造成目前学术研究状况的现实原因。

二、国家社科基金项目立项概况

从立项数量与占比情况、立项类型与占比情况、项目承担单位情况、立项地区分布情况、立项题目等方面对2011至2020年国家社科基金考古学学科的立项情况进行统计分析和客观描述。

（一）各年度立项数量统计及占比分析

通过数据收集与整理，共得到721项与考古学学科相关的国家社科基金项目。按照年度顺序进行排列，得出了考古学国家社科基金项目立项数量分布图（图3-45）。

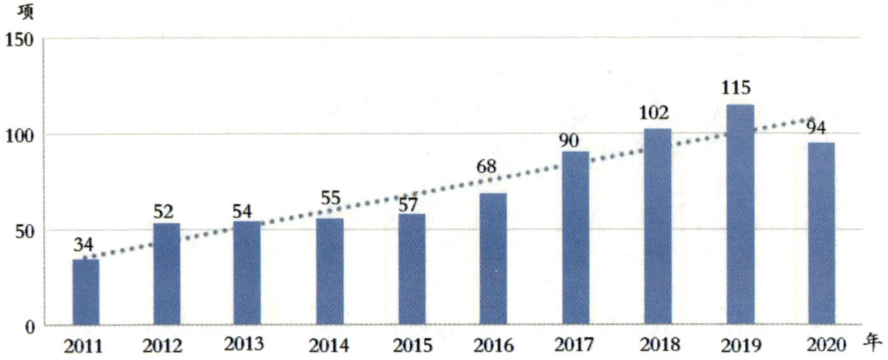

图3-45　考古学国家社科基金项目立项数量分布图

如图3-45所示，2011至2020年，考古学学科的立项数量总体呈上升趋势，且近5年来上升趋势明显。2011年，立项数量为34项，为近年来的最低值；2012至2015年，立项数量基本处于稳定状态，保持在55项上下；自2016年开始，立项数量呈明显上升趋势，由2016年的68项增至2019年的115项；2020年，立项数量降至94项。

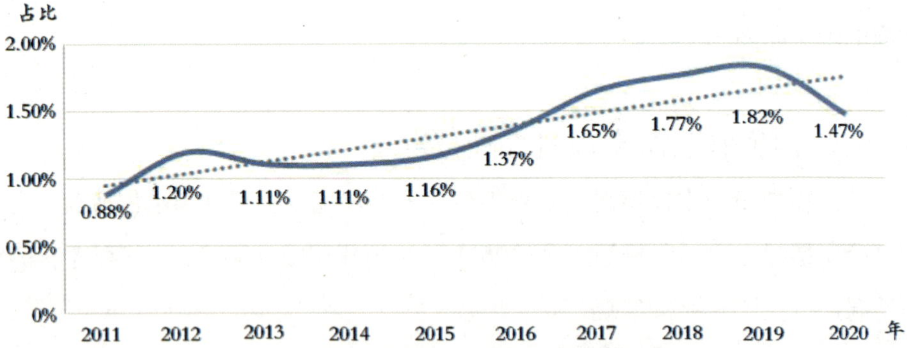

图3-46　考古学国家社科基金项目立项占比图

如图3-46所示，2011至2020年，考古学学科的立项数量在23个学科中的占比较低，立项占比总体呈上升趋势。2011年，立项占比为0.88%，为近年来的最低值；2012年，立项占比升至1.20%；2013至2019年，立项占比呈上升趋势，尤其从2015年开始，上升趋势较为明显；2020年，立项占比稍有回落，降至1.47%。

（二）各项目类型立项数量统计与占比分析

考古学学科的立项项目分布于国家社科基金的重点项目、一般项目、青年项目、西部项目、后期资助项目、中华学术外译项目、成果文库等类型，2011至2020年考古学国家社科基金各项目类型立项数量与占比情况如图3-47所示。

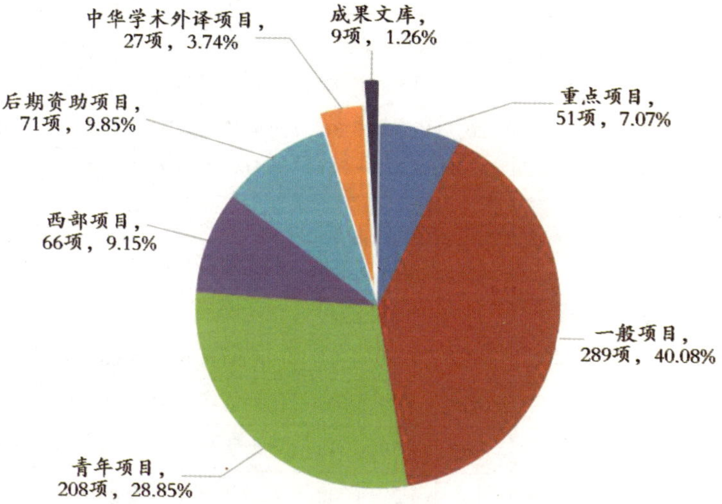

图3-47 考古学学科国家社科基金各项目类型立项数量与占比情况图

据图3-47可知，在7类项目类型中，一般项目为主要立项类型，立项数量为289项，占比为40.08%；其次是青年项目，立项数量为208项，占比为28.85%；后期资助项目和西部项目的立项数量相当，立项数量在70项上下，占比分别为9.85%和9.15%；重点项目的立项数量为51项，占比为7.07%；中华学术外译项目和成果文库的立项数量较少，分别为27项和9项。

（三）项目承担单位情况

通过对考古学学科项目承担人所在单位进行统计分析，按照承担项目数量从多到少的顺序进行排列，选取排名前50名的单位制作了考古学学科项目高频承担单位分布情况表（表3-34）。

表3-34　考古学学科项目高频承担单位分布情况表

序号	单位	数量（项）	占比（%）	序号	单位	数量（项）	占比（%）
1	中国社会科学院	46	6.38	29	南开大学	7	0.97
2	西北大学	31	4.30	30	重庆师范大学	7	0.97
3	陕西省考古研究院	28	3.88	31	兰州大学	6	0.83
4	吉林大学	27	3.74	32	西北民族大学	6	0.83
5	四川大学	26	3.61	33	河北省文物研究所	6	0.83
6	郑州大学	25	3.47	34	河南省文物考古研究院	6	0.83
7	山东大学	25	3.47	35	吉林省文物考古研究所	6	0.83
8	北京大学	20	2.77	36	西华师范大学	6	0.83
9	河南大学	19	2.64	37	湖南省文物考古研究所	5	0.69
10	陕西师范大学	12	1.66	38	中国国家博物馆	5	0.69
11	中国人民大学	11	1.53	39	东北师范大学	5	0.69
12	敦煌研究院	11	1.53	40	辽宁师范大学	5	0.69
13	武汉大学	11	1.53	41	山东省文物考古研究院	5	0.69
14	中山大学	10	1.39	42	山西省考古研究所	5	0.69
15	山西大学	10	1.39	43	上海大学	5	0.69
16	浙江大学	10	1.39	44	安徽省文物考古研究所	4	0.55
17	安徽大学	9	1.25	45	暨南大学	4	0.55
18	河北师范大学	9	1.25	46	安阳师范学院	4	0.55
19	首都师范大学	8	1.11	47	黑龙江大学	4	0.55
20	湖北省文物考古研究所	8	1.11	48	黑龙江省文物考古研究所	4	0.55
21	南京大学	8	1.11	49	南京博物院	4	0.55
22	复旦大学	8	1.11	50	辽宁省文物考古研究所	4	0.55
23	华东师范大学	8	1.11	51	内蒙古大学	4	0.55
24	北京联合大学	7	0.97	52	秦始皇帝陵博物院	4	0.55
25	中央民族大学	7	0.97	53	西南民族大学	4	0.55
26	厦门大学	7	0.97	54	新疆大学	4	0.55
27	南京师范大学	7	0.97	55	云南大学	4	0.55
28	内蒙古师范大学	7	0.97				

如表3-34所示，从排名前50的项目承担单位分布情况来看，中国社会科学院排名第一，共承担了46项，占比为6.38%；西北大学排名第二，共承担了31项，占比为4.30%；陕西省考古研究院排名第三，共承担了28项，占比为3.88%；其余单位承担项目的数量均在4项及以上，占比均在0.55%及以上。与其他学科不同，考古学学科研究的项目承担单位除高等院校和社科院系统外，各地的考古研究院（所）、博物院（馆）也承担了相当数量比例的项目。

（四）立项地区分布情况

对考古学学科立项地区的分析，可以考察2011至2020年间各地区考古学学科的学术科研能力及发展状况，表3-35对考古学学科的立项地区分布情况做了统计。

表3-35　考古学学科立项地区分布情况表

序号	地区	数量（项）	占比（%）	序号	地区	数量（项）	占比（%）
1	陕西	88	12.21	17	辽宁	13	1.80
2	北京	68	9.43	18	广西	11	1.53
3	河南	66	9.15	19	重庆	11	1.53
4	四川	41	5.69	20	湖南	10	1.39
5	吉林	40	5.55	21	云南	10	1.39
6	山东	39	5.41	22	天津	9	1.25
7	上海	29	4.02	23	福建	8	1.11
8	甘肃	27	3.74	24	黑龙江	8	1.11
9	湖北	25	3.47	25	西藏	7	0.97
10	江苏	24	3.33	26	新疆	7	0.97
11	内蒙古	24	3.33	27	宁夏	6	0.83
12	安徽	18	2.50	28	贵州	5	0.69
13	山西	18	2.50	29	青海	3	0.42
14	河北	17	2.36	30	江西	2	0.28
15	浙江	16	2.22	31	海南	1	0.14
16	广东	14	1.94				

如表3-35所示，除港澳台以外的31个省（市、自治区）均有立项，平均每个地区21.45项。陕西、北京、河南分别承担了88项、68项、66项，占比分别为12.21%、9.43%、9.15%，处于第一梯队；四川、吉林、山东、上海、甘肃、湖北、江苏、内蒙古等地区的立项数量均高于平均立项数量，处于第二梯队；安徽、山西、河北等地区的立项数量均低于平均立项数量，处于第三梯队。

（五）立项题目分析

将2011至2020年的考古学学科立项题目进行整理后，运用“图悦”软件进行分析，得出考古学国家社科基金项目热词词频分布表（表3-36）及热词权重图（图3-48）。

表3-36 考古学国家社科基金项目热词词频分布表

序　号	1	2	3	4	5	6	7	8	9	10
关键词	丝绸之路	考古	遗址	发掘	报告	文化	资料	中国	墓葬	出土
词　频	40	159	113	109	91	83	59	47	40	40
权　重	1.00	0.86	0.80	0.80	0.77	0.75	0.70	0.66	0.63	0.63

图3-48　考古学国家社科基金项目热词权重图

如表3-36和图3-48所示，“丝绸之路”出现了40次，权重值为1.00，其字号最大也最为明显；“考古”出现了159次，权重值为0.86；其次是“遗址”“发掘”“报告”“文化”“资料”“中国”“墓葬”“出土”。这些词语在权重图中都能被明显地标识出来，反映出国家社科基金项目中考古学学科的关注热点。

三、发展趋势与研究热点

通过对2011至2020年国家社科基金考古学学科项目基本情况的分析，可以得到以下结论。

1. 从考古学学科的立项数量和立项占比情况来看，总体呈上升趋势，这离不开国家对考古学学科的高度重视。但考古学学科的立项数量在国家社科基金的23个学科中的占比不足2%，表明考古学学科在国家社科基金立项中的占比偏低，需要加强关注，并且进一步加大扶持力度。

2. 考古学学科的项目承担单位分布不均衡。整体来看，高等院校和各级考古研究所（院）是考古学研究的主要阵地。高等院校具有人才优势，考古研究所（院）具有资源优势，二者依靠各自优势成了考古学研究的主要力量。在高等院校中，存在重点院校承担的项目数量远高于一般院校的情况。在考古研究所（院）中，立项数量也同样存在着不均衡的情况。

3. 各地区所承担的考古学学科项目数量在一定程度上受到当地历史文化背景的影响。陕西、北京、河南3个地区的立项数量排名前三，这与当地的历史文化有相当大的关系。陕西西安是世界历史名城，是中华文明与中华民族的重要发祥地之一，是十三朝古都。北京是世界著名古都，在历史上曾为六朝都城，自燕国起的2000多年间，北京建造了许多宫廷建筑，是中国拥有帝王宫殿、园林、庙坛和陵墓数量最多的城市。河南开封是国家历史文化名城，已有4100余年的建城史和建都史，是八朝古都。这3个地区都有着丰富的历史文化背景，为当地考古学的发展提供了肥沃的土壤。

4. 通过对考古学国家社科基金项目热词词频分布和热词权重进行分析可以

看出，在考古学研究中，出土资料和文物是非常重要的研究对象，“遗址”“发掘”“资料”“墓葬”“出土”等高频词便是有力的佐证。此外，考古学研究多以报告的形式呈现，故“报告”一词出现了91次，权重值为0.77。同时，“丝绸之路”也是考古学研究关注的热点领域。

第十三节　民族问题研究

一、引言

民族问题研究是党和国家对民族工作进行科学决策的基础，为国家制定民族方针政策，以及重大战略部署提供理论支撑和实践指导。

通过对以往文献进行分析和整理，已有部分学者从国家社科基金立项的角度对民族问题研究学科的发展现状进行了分析。王小霞发表了3篇有关民族问题研究的文章，全部以2009至2018年国家社科基金立项的民族问题研究课题为分析对象，第一篇是利用量化分析工具与方法，探索梳理了民族问题研究领域立项项目的分布特征，并提出了未来国家社科基金项目管理应该思考与讨论的要点，第二篇是利用词频分析法，探索梳理了民族问题研究领域立项项目的研究热点，并提出了未来国家社科基金项目管理应该思考与讨论的要点；第三篇是对项目数据进行二级学科分类，在分类数据的基础上，提出了我国当前民族问题研究的主题与热点，以期为民族学科研工作者提供借鉴和参考；孟凯等从项目信息、成果信息、研究热点、论文评价等方面对1991至2015年国家社科基金民族问题研究项目立项的课题进行了分析，较全面地展现了我国少数民族问题的研究状况；罗利群等用文献计量学的方法对1993至2010年国家社科基金民族问题研究项目的立项状况进行多角度、多方位的分析统计，揭示了其发展规律。

二、国家社科基金项目立项概况

从立项数量与占比情况、立项类型与占比情况、项目承担单位情况、立项地区分布情况、立项题目等方面对2011至2020年国家社科基金民族问题研究学科的立项情况进行统计分析和客观描述。

（一）各年度立项数量统计与占比分析

通过数据收集与整理，共得到2860项与民族问题研究学科相关的国家社科基金项目。按照年度顺序进行排列，得出了民族问题研究国家社科基金项目立项数量分布图（图3-49）。

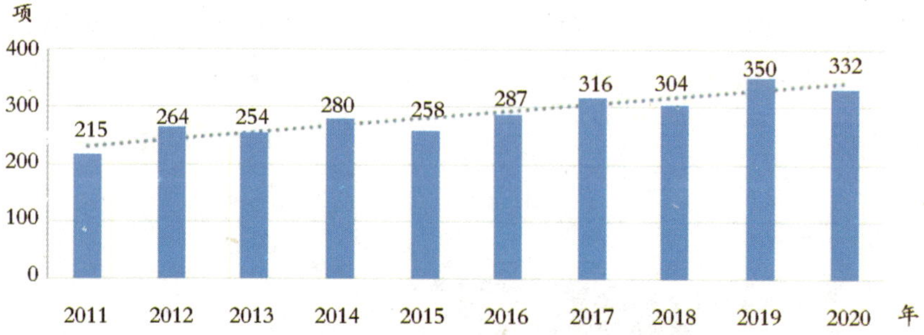

图3-49 民族问题研究国家社科基金项目立项数量分布图

如图3-49所示，2011至2020年，民族问题研究学科的立项数量呈波动上升趋势。2011至2015年、2017至2020年都出现了“大小年”现象，即立项数量一年多一年少，如此往复。

如图3-50所示，2011至2020年，民族问题研究学科的立项占比呈波段下降趋势，但下降比例不高。2011至2013年是第一个波段，立项占比从5.53%增至6.08%，后降至5.21%；2013至2015年是第二个波段，立项占比从5.21%增至5.63%，后降至5.26%；2015至2018年是第三个波段，立项占比从5.26%增至5.79%，后降至5.26%；2018至2020年是第四个波段，立项占比从5.26%升至5.54%，后降至5.21%。

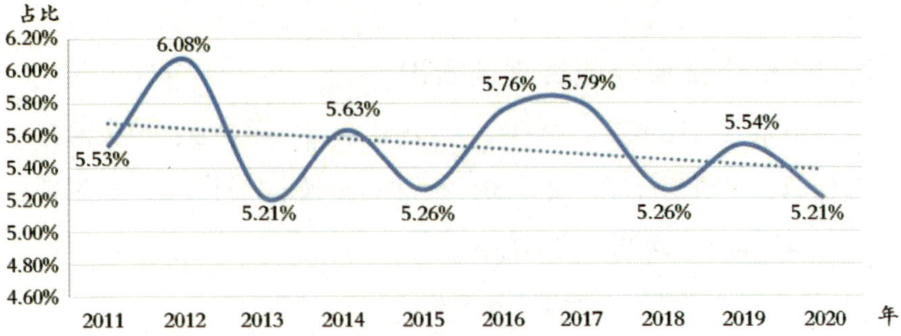

图3-50 民族问题研究国家社科基金项目立项占比图

（二）各项目类型立项数量统计与占比分析

民族问题研究学科的立项项目分布于国家社科基金的重点项目、一般项目、青年项目、西部项目、后期资助项目、中华学术外译项目、成果文库等类型，2011至2020年民族问题研究国家社科基金各项目类型立项数量与占比情况如图3-51所示。

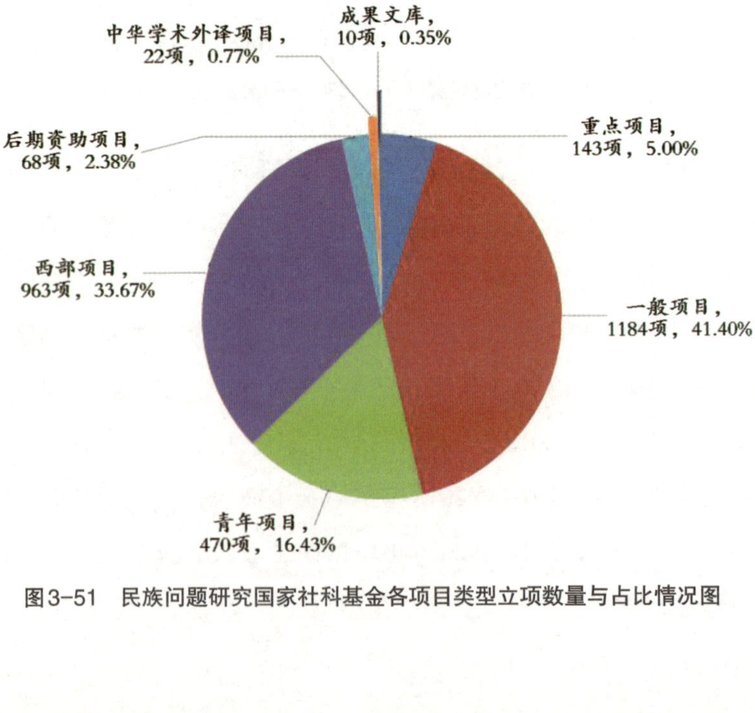

图3-51 民族问题研究国家社科基金各项目类型立项数量与占比情况图

据图3-51可知，在7类项目类型中，一般项目为主要的立项类型，立项数量为1184项，占比为41.40%；其次是西部项目，立项数量为963项，占比为33.67%；青年项目的立项数量为470项，占比为16.43%；重点项目、后期资助项目、中华学术外译项目、成果文库的立项数量较少，占比均在5.00%及以下。

（三）项目承担单位情况

通过对民族问题研究学科项目承担人所在单位进行统计分析，按照承担项目数量从多到少的顺序进行排列，选取排名前50的单位制作了民族问题研究学科项目高频承担单位分布情况表（表3-37）。

表3-37　民族问题研究学科项目高频承担单位分布情况表

序号	单位	数量（项）	占比（%）	序号	单位	数量（项）	占比（%）
1	中南民族大学	80	2.80	17	云南师范大学	41	1.43
2	中央民族大学	74	2.59	18	西北民族大学	38	1.33
3	西南民族大学	73	2.55	19	广西师范大学	37	1.29
4	青海大学	58	2.03	20	西南大学	37	1.29
5	贵州民族大学	54	1.89	21	兰州大学	36	1.26
6	宁夏大学	53	1.85	22	贵州大学	32	1.12
7	内蒙古大学	52	1.82	23	内蒙古财经大学	32	1.12
8	云南大学	52	1.82	24	长江师范学院	32	1.12
9	云南民族大学	49	1.71	25	石河子大学	31	1.08
10	北方民族大学	47	1.64	26	内蒙古民族大学	31	1.08
11	中国社会科学院	46	1.61	27	四川大学	31	1.08
12	西藏大学	43	1.50	28	新疆大学	31	1.08
13	吉首大学	41	1.43	29	云南省社会科学院	30	1.05
14	青海民族大学	41	1.43	30	三峡大学	29	1.01
15	青海师范大学	41	1.43	31	贵州师范大学	28	0.98
16	新疆师范大学	41	1.43	32	西北师范大学	27	0.94

续表

序号	单位	数量（项）	占比（%）	序号	单位	数量（项）	占比（%）
33	内蒙古社会科学院	27	0.94	42	新疆社会科学院	20	0.70
34	内蒙古师范大学	27	0.94	43	塔里木大学	19	0.66
35	西藏民族大学	27	0.94	44	四川师范大学	19	0.66
36	大理大学	27	0.94	45	桂林理工大学	18	0.63
37	广西民族大学	26	0.91	46	延边大学	18	0.63
38	青海省委党校	24	0.84	47	宁夏社会科学院	18	0.63
39	贵州财经大学	22	0.77	48	青海省社会科学院	18	0.63
40	陕西师范大学	22	0.77	49	内蒙古科技大学	17	0.59
41	四川省社会科学院	21	0.73	50	新疆兵团党校	16	0.56

如表3-37所示，从排名前50名的项目承担单位分布情况来看，中南民族大学排名第一，共承担了80项，占比为2.80%；中央民族大学排名第二，共承担了74项，占比为2.59%；西南民族大学排名第三，共承担了73项，占比为2.55%；其余单位承担项目的数量均在16项及以上，占比均在0.56%及以上。从项目承担单位的属性来看，高等院校、社科院系统、党校系统承担的项目较多，尤其是高等院校，占比达到82.00%。

（四）立项地区分布情况

对民族问题研究学科立项地区的分析，可以考察2011至2020年间各地区民族问题研究学科的学术科研能力及发展状况，表3-38对民族问题研究学科的立项地区分布情况做了统计。

如表3-38所示，除港澳台以外的31个省（市、自治区）均有立项，平均每个地区87.65项。云南、内蒙古、四川排名前三，立项数量分别为315项、249项、212项，占比分别为11.01%、8.71%、7.41%，这3个地区处于第一梯队；贵州、青海、新疆、广西、甘肃、湖北、宁夏、重庆、北京、西藏等地区的立项数量均高于平均立项数量，处于第二梯队；湖南、广东、陕西等地区的立项数量均低于平均立项数量，处于第三梯队。

表3-38　民族问题研究学科立项地区分布情况表

序号	地区	数量（项）	占比（%）	序号	地区	数量（项）	占比（%）
1	云南	315	11.01	17	浙江	33	1.15
2	内蒙古	249	8.71	18	福建	31	1.08
3	四川	212	7.41	19	海南	31	1.08
4	贵州	191	6.68	20	黑龙江	31	1.08
5	青海	183	6.40	21	吉林	30	1.05
6	新疆	179	6.26	22	辽宁	27	0.94
7	广西	176	6.15	23	江苏	23	0.80
8	甘肃	170	5.94	24	山东	23	0.80
9	湖北	149	5.21	25	上海	20	0.70
10	宁夏	138	4.83	26	江西	18	0.63
11	重庆	116	4.06	27	天津	14	0.49
12	北京	103	3.60	28	河南	8	0.28
13	西藏	91	3.18	29	河北	7	0.24
14	湖南	62	2.17	30	安徽	4	0.14
15	广东	42	1.47	31	山西	2	0.07
16	陕西	39	1.36				

（五）立项题目分析

将2011至2020年的民族问题研究学科立项题目进行整理后，运用“图悦”软件进行分析，得出民族问题研究国家社科基金项目热词词频分布表（表3-39）及热词权重图（图3-52）。

如表3-39和图3-52所示，“民族”出现了922次，权重值为1.00，其字号最大也最为明显；“文化”出现了591次，权重值为0.93；其次是“少数民族”“丝绸之路”“新疆”“生态”“建设”“保护”“传统”“乡村”。这些词语在权重图中都能被明显地标识出来，反映出国家社科基金项目中民族问题研究学科的关注热点。

表3-39 民族问题研究国家社科基金项目热词词频分布表

序　号	1	2	3	4	5	6	7	8	9	10
关键词	民族	文化	少数民族	丝绸之路	新疆	生态	建设	保护	传统	乡村
词　频	922	591	394	38	193	192	177	176	166	137
权　重	1.00	0.93	0.88	0.85	0.77	0.77	0.76	0.76	0.75	0.72

图3-52 民族问题研究国家社科基金项目热词权重图

三、发展趋势与研究热点

通过对2011至2020年国家社科基金民族问题研究学科项目基本情况的分析，可以得到以下结论。

1. 民族类高校和少数民族较多地区的高校是民族问题研究的主要阵地。通过对项目承担单位情况进行分析可以看出，立项数量排名前三的高等院校全部是民族类高校，即中南民族大学、中央民族大学、西南民族大学，其他非民族类高校基本上也是处于少数民族较多的地区，如青海大学、宁夏大学、内蒙古大学、云南大学等。除高等院校外，少数民族较多地区的社科院系统、党校系统也承担了一定数量的项目，如云南省社会科学院、内蒙古社会科学院、四川社会科学院、新疆社会科学院、青海省委党校、新疆兵团党校等。

2. 通过对民族问题研究学科立项地区分布情况进行分析可以看出，民族问题研究主要集中于少数民族较多的地区，尤其是我国的西南地区和西北地区，如云南、四川、内蒙古、新疆等。反之，少数民族较少地区的立项数量普遍较低，如陕西、安徽、河北等。出现这一现象的主要原因是少数民族聚集的地区有着其他地区无法比拟的先天条件，如少数民族人口较多、资料较为丰富等。

3. 通过对民族问题研究国家基金项目热词词频分布及热词权重进行分析可以看出，我国民族问题研究的热点主要有以下几个：一是关于少数民族文化的研究，二是关于新疆问题的研究，三是关于少数民族地区生态保护的研究。此外，“丝绸之路”“保护”“乡村”等也是民族问题研究关注的热点领域。

第十四节　宗教学

一、引言

我国是多种宗教信仰并存的国家，各种宗教皆有很长的历史沿革。各种宗教长期存在、发展和演变的基本事实，构成了我国宗教研究的客观前提，宗教学是我国哲学社会科学研究的重要学科之一。

通过对以往文献进行分析和整理，从国家社科基金立项的角度对宗教学学科的发展现状进行分析的成果较少。裴振威对2008至2019年国家社科基金宗教学立项课题概况进行了统计分析，按照宗教类别和研究性质对立项课题进行了分类，并以此为依据归纳出这些立项课题的总体特征，对各部类立项课题的特点进行了说明；王玉琴通过对国家社科基金宗教学课题的历年资助项目数据进行统计，结合课题指南，分析其所立项目的特点，从而反映出宗教学学科研究的发展轨迹、现状和趋势，为科研人员在研究社科选题方面提供指导，为宗教学学科建设提供有益的参考；王东波等分析了1991至2015年间立项的有关我国道教研究的国家社科基金项目，探究了我国道教研究近年来的现状、热点及发展趋势。

二、国家社科基金项目立项概况

从立项数量与占比情况、立项类型与占比情况、项目承担单位情况、立项地区分布情况、立项题目等方面对2011至2020年国家社科基金宗教学学科的立项情况进行统计分析和客观描述。

（一）各年度立项数量统计与占比分析

通过数据收集与整理，共得到1131项与宗教学学科相关的国家社科基金项目。按照年度顺序进行排列，得出了宗教学国家社科基金项目立项数量分布图（图3-53）。

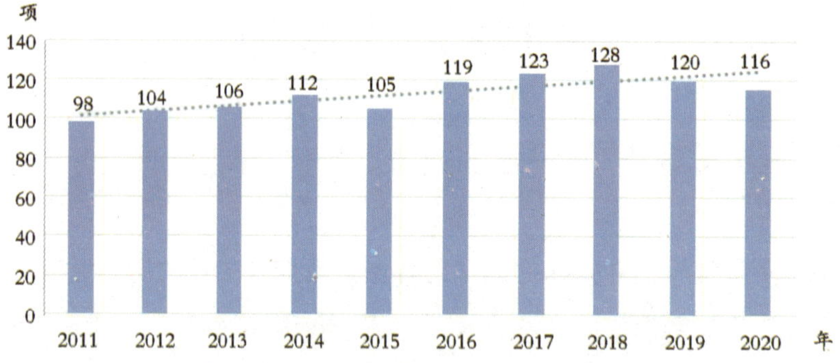

图3-53 宗教学国家社科基金项目立项数量分布图

如图3-53所示，2011至2020年，宗教学学科的立项数量在100项上下波动，最低值是2011年的98项，最高值是2018年的128项。总体来看，立项数量有所增加，但增量不大。2018年后，立项数量连续两年下降，到2020年，立项数量降至116项。

如图3-54所示，2011至2020年，宗教学学科的立项占比总体呈下降趋势。2011年的立项占比最高，达到了2.52%；之后连续两年下降，2013年降至

2.17%；2013至2016年呈波动趋势，立项占比在2.17%至2.39%间波动；2016年后，立项占比逐年下降；到2020年，立项占比降至1.82%，为近年来的最低值。

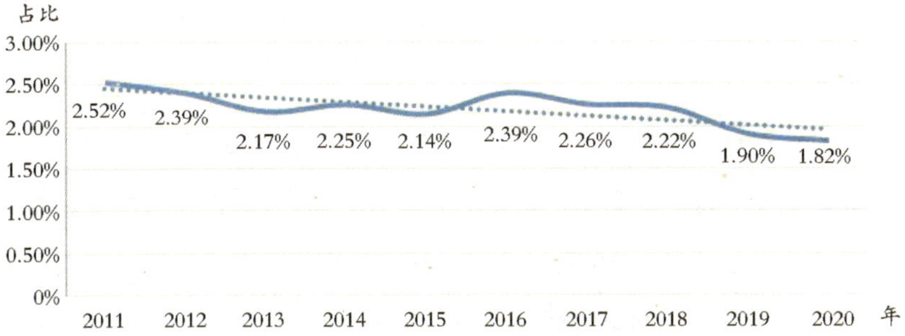

图3-54　宗教学国家社科基金项目立项占比图

（二）各项目类型立项数量统计与占比分析

宗教学学科的立项项目分布于国家社科基金的重点项目、一般项目、青年项目、西部项目、后期资助项目、中华学术外译项目、成果文库等类型，2011至2020年宗教学国家社科基金各项目类型立项数量与占比情况如图3-55所示。

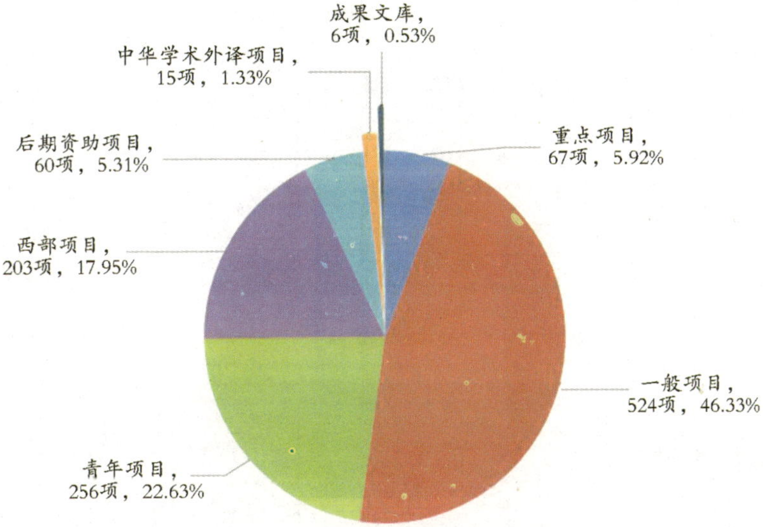

图3-55　宗教学国家社科基金各项目类型立项数量与占比情况图

据图3-55可知，在7类项目类型中，一般项目为主要的立项类型，立项数量为524项，占比为46.33%；青年项目和西部项目的立项数量与占比相当，分别为256项、22.63%和203项、17.95%；重点项目和后期资助项目的立项数量与占比相当，分别为67项、5.92%和60项、5.31%；中华学术外译项目和成果文库的立项数量较少，占比较低。

（三）项目承担单位情况

通过对宗教学学科项目承担人所在单位进行统计分析，按照承担项目数量从多到少的顺序进行排列，选取排名前30名的单位制作了宗教学学科项目高频承担单位分布情况表（表3-40）。

表3-40　宗教学学科项目高频承担单位分布情况表

序号	单位	数量（项）	占比（%）	序号	单位	数量（项）	占比（%）
1	中国社会科学院	46	4.07	16	西南民族大学	14	1.24
2	四川大学	38	3.36	17	浙江大学	14	1.24
3	云南民族大学	23	2.03	18	河南大学	13	1.15
4	南京大学	21	1.86	19	福建师范大学	12	1.06
5	大理大学	20	1.77	20	山东大学	12	1.06
6	青海师范大学	18	1.59	21	华东师范大学	12	1.06
7	青海民族大学	17	1.50	22	上海大学	12	1.06
8	陕西师范大学	17	1.50	23	上海社会科学院	12	1.06
9	中国人民大学	16	1.41	24	云南大学	12	1.06
10	陕西省社会科学院	16	1.41	25	宁夏大学	11	0.97
11	北京大学	15	1.33	26	西北大学	11	0.97
12	中央民族大学	15	1.33	27	新疆师范大学	11	0.97
13	新疆社会科学院	15	1.33	28	华侨大学	10	0.88
14	云南省社会科学院	15	1.33	29	贵州师范大学	10	0.88
15	西北民族大学	14	1.24	30	西藏大学	10	0.88

如表3-40所示，从排名前30的项目承担单位分布情况来看，中国社会科学院排名第一，共承担了46项，占比为4.07%；四川大学排名第二，共承担了38项，占比为3.36%；云南民族大学排名第三，共承担了23项，占比为2.03%；其余单位承担项目的数量均在10项及以上，占比均在0.88%及以上。从项目承担单位的属性来看，社科院系统、高等院校、党校系统、研究机构等单位承担了更多的项目，其中高等院校占比较高。

（四）立项地区分布情况

对宗教学学科立项地区的分析，可以考察2011至2020年间各地区宗教学学科的学术科研能力及发展状况，表3-41对宗教学学科的立项地区分布情况做了统计。

表3-41　宗教学学科立项地区分布情况表

序号	地区	数量（项）	占比（%）	序号	地区	数量（项）	占比（%）
1	四川	86	7.60	17	湖南	27	2.39
2	云南	85	7.52	18	江西	23	2.03
3	上海	77	6.81	19	内蒙古	21	1.86
4	北京	71	6.28	20	湖北	19	1.68
5	陕西	62	5.48	21	重庆	18	1.59
6	江苏	59	5.22	22	宁夏	17	1.50
7	青海	54	4.77	23	广西	14	1.24
8	浙江	53	4.69	24	山西	10	0.88
9	新疆	49	4.33	25	辽宁	10	0.88
10	福建	41	3.63	26	黑龙江	8	0.71
11	山东	40	3.54	27	河北	8	0.71
12	广东	39	3.45	28	安徽	7	0.62
13	甘肃	37	3.27	29	吉林	6	0.53
14	贵州	35	3.09	30	天津	5	0.44
15	河南	33	2.92	31	海南	5	0.44
16	西藏	28	2.48				

如表3-41所示，除港澳台以外的31个省（市、自治区）都有立项，平均每个地区33.77项。四川和云南分别排名第一、第二，立项数量分别为86项和85项，占比分别为7.60%和7.52%，这两个地区处于第一梯队；上海、北京、陕西、江苏、青海、浙江、新疆、福建、山东、广东、甘肃、贵州等地区的立项数量均高于平均立项数量，处于第二梯队；河南、西藏、湖南等地区的立项数量均低于平均立项数量，处于第三梯队。

（五）立项题目分析

将2011至2020年的宗教学学科立项题目进行整理后，运用“图悦”软件进行分析，得出宗教学国家社科基金项目热词词频分布表（表3-42）及热词权重图（图3-56）。

表3-42 宗教学国家社科基金项目热词词频分布表

序　号	1	2	3	4	5	6	7	8	9	10
关键词	宗教	佛教	中国	信仰	道教	文化	丝绸之路	文献	思想	基督教
词　频	264	207	130	107	98	81	14	68	61	54
权　重	1.00	0.96	0.87	0.84	0.82	0.79	0.77	0.76	0.74	0.72

图3-56 宗教学国家社科基金项目热词权重图

如表3-42和图3-56所示，“宗教”共出现了264次，权重值为1.00，其字号最大也最为明显；“佛教”出现了207次，权重值为0.96；其次是“中国”“信仰”“道教”“文化”“丝绸之路”“文献”“思想”“基督教”。这些词语在权重图中都能被明显地标识出来，反映出国家社科基金项目中宗教学学科的关注热点。

三、发展趋势与研究热点

通过对2011至2020年国家社科基金宗教学学科项目基本情况的分析，可以得到以下结论。

1. 宗教学的学科地位需要进一步加强。通过对宗教学学科的立项占比情况进行分析可以得知，宗教学学科的立项占比总体呈下降趋势，2020年已降至近年来的最低值，这表明宗教学的学科地位需要进一步加强。

2. 宗教学的研究主要集中在宗教信仰民众较多的地区，如四川、云南、陕西、新疆等，这些地区的高等院校是宗教学研究的主要阵地，如四川大学、云南民族大学、青海师范大学等。除高等院校外，社科院系统也是宗教学研究的主要阵地之一，同样分布在宗教信仰民众较多的地区，如陕西省社会科学院、新疆社会科学院、云南省社会科学院等。

3. 通过对宗教学国家社科基金项目热词词频分布及热词权重进行分析可以看出，我国宗教学的研究热点是“中国”境内的“佛教”“道教”“基督教”，其中对于“佛教”的研究最多，其次是“道教”“基督教”，同时宗教“文化”、宗教“文献”也是广大学者研究的热点领域。

第十五节　中国文学

一、引言

中国文学具有悠久的历史，是一门以汉族民族文学为主体，同时含有各少数民族文学的学科。中国文学分为古典文学、现代文学与当代文学，古典文学以唐宋诗词及四大名著等为代表，现代文学以鲁迅小说等为代表，当代文学则以具有独立思想的中国自由文学为标志。

通过对以往文献进行分析和整理，从国家社科基金立项的角度对中国文学学科的发展现状进行分析的成果较少。吴双丹等从立项数量、项目类型、项目所属单位、项目地域分布、项目研究内容、项目热点分析等方面对2015至2017年国家社科基金中国现当代文学立项项目进行了统计分析，呈现了中国现当代文学现阶段的发展状况、研究热点及发展趋势；周先超对2001至2011年国家社科基金的古代文学研究课题进行了统计，对古代文学研究的现状及其涌现出来的新方法、新方向和侧重点的变化进行了比较、分析与阐述；丁凡等以2014至2016年国家社科基金和教育部人文社科项目的立项数据为研究对象，对现当代文学研究项目进行了统计分析。

二、国家社科基金项目立项概况

从立项数量与占比情况、立项类型与占比情况、项目承担单位情况、立项地区分布情况、立项题目等方面对2011至2020年国家社科基金中国文学学科的立项情况进行统计分析和客观描述。

（一）各年度立项数量统计与占比分析

通过数据收集与整理，共得到4052项与中国文学学科相关的国家社科基金项目。按照年度顺序进行排列，得出了中国文学国家社科基金项目立项数量分布图（图3-57）。

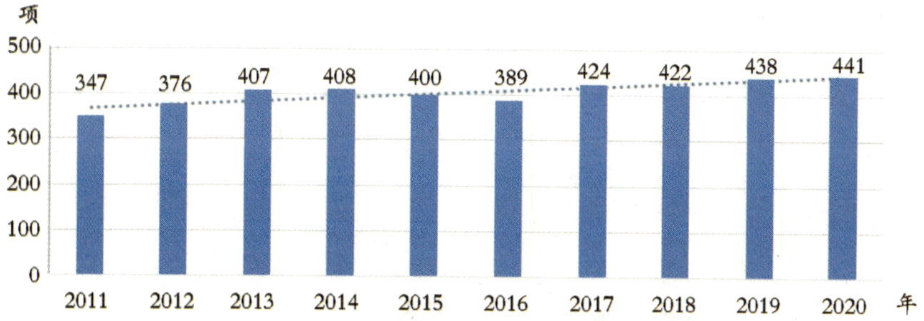

图3-57 中国文学国家社科基金项目立项数量分布图

如图3-57所示，2011至2020年，中国文学学科的立项数量在400项上下波动，总体呈上升趋势。2011至2014年，立项数量从347项升至408项；2015至2016年，立项数量有所下降，分别为400项和389项；2017至2018年，立项数量基本保持稳定，分别为424项和422项；2019至2020年，立项数量有所增加，分别达到了438项和441项，2020年的立项数量为近年来的最高值。

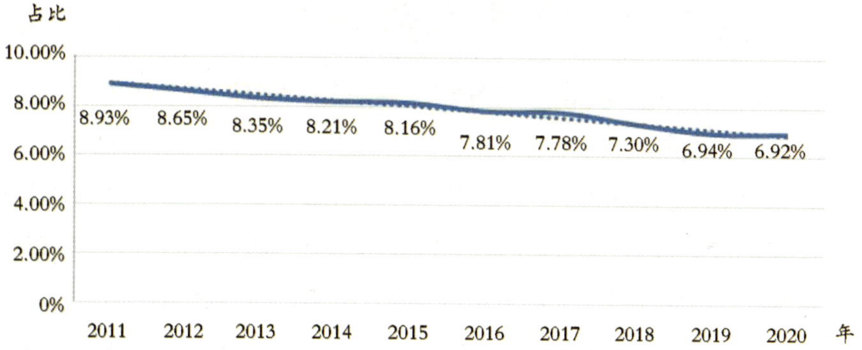

图3-58 中国文学国家社科基金项目立项占比图

如图3-58所示，2011至2020年，中国文学学科的立项占比呈逐年下降趋势，但与其他学科相比，仍处于较高水平。2011年的立项占比为8.93%，之后逐年下降；自2016年开始，立项占比跌至不足8.00%；自2019年开始，立项占比跌至不足7.00%；2020年的立项占比为近年来的最低值，仅有6.92%。

（二）各项目类型立项数量统计与占比分析

中国文学学科的立项项目分布于国家社科基金的重点项目、一般项目、青年项目、西部项目、后期资助项目、中华学术外译项目、成果文库等类型，2011至2020年中国文学国家社科基金各项目类型立项数量与占比情况如图3-59所示。

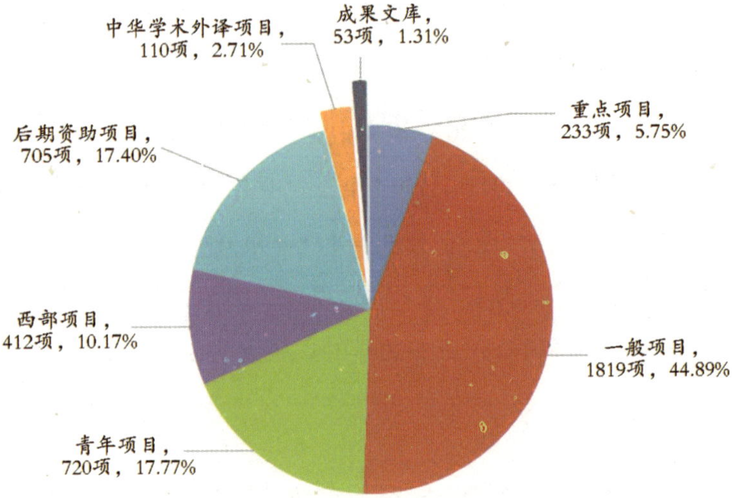

图3-59 中国文学国家社科基金各项目类型立项数量与占比情况图

据图3-59可知，在7类项目类型中，一般项目为主要的立项类型，立项数量为1819项，占比为44.89%；其余立项占比较高的项目类型分别为青年项目、后期资助项目、西部项目，立项数量分别为720项、705项、412项，占比分别为17.77%、17.40%、10.17%；重点项目、中华学术外译项目、成果文库的立项数量较少，占比较低。

（三）项目承担单位情况

通过对中国文学学科项目承担人所在单位进行统计分析，按照承担项目数量从多到少的顺序进行排列，选取排名前50的单位制作了中国文学学科项目高频承担单位分布情况表（表3-43）。

表3-43　中国文学学科项目高频承担单位分布情况表

序号	单位	数量（项）	占比（%）	序号	单位	数量（项）	占比（%）
1	中国社会科学院	91	2.25	24	中央民族大学	32	0.79
2	北京师范大学	55	1.36	25	河北师范大学	32	0.79
3	山东大学	55	1.36	26	山东师范大学	32	0.79
4	华东师范大学	54	1.33	27	西南大学	32	0.79
5	浙江师范大学	53	1.31	28	重庆师范大学	32	0.79
6	南京大学	52	1.28	29	黑龙江大学	31	0.77
7	暨南大学	49	1.21	30	扬州大学	31	0.77
8	北京大学	46	1.14	31	浙江大学	31	0.77
9	武汉大学	46	1.14	32	华中师范大学	30	0.74
10	福建师范大学	45	1.11	33	安徽师范大学	29	0.72
11	中山大学	45	1.11	34	贵州师范大学	29	0.72
12	上海师范大学	45	1.11	35	江西师范大学	29	0.72
13	陕西师范大学	43	1.06	36	内蒙古大学	29	0.72
14	中国人民大学	40	0.99	37	山西师范大学	28	0.69
15	南京师范大学	40	0.99	38	广西师范大学	26	0.64
16	南开大学	40	0.99	39	复旦大学	26	0.64
17	河南大学	35	0.86	40	上海大学	26	0.64
18	湖南师范大学	35	0.86	41	上海交通大学	26	0.64
19	江苏师范大学	35	0.86	42	四川大学	26	0.64
20	河北大学	34	0.84	43	西北民族大学	25	0.62
21	杭州师范大学	34	0.84	44	西北师范大学	25	0.62
22	吉林大学	33	0.81	45	西北大学	25	0.62
23	首都师范大学	32	0.79	46	湘潭大学	24	0.59

续表

序号	单位	数量（项）	占比（%）	序号	单位	数量（项）	占比（%）
47	湘潭大学	24	0.59	52	内蒙古师范大学	23	0.57
48	西南民族大学	24	0.59	53	青海民族大学	23	0.57
49	安徽大学	23	0.57	54	四川师范大学	23	0.57
50	广州大学	23	0.57	55	云南大学	23	0.57
51	深圳大学	23	0.57				

如表3-43所示，从排名前50的项目承担单位分布情况来看，中国社会科学院排名第一，共承担了91项，占比为2.25%；北京师范大学、山东大学排名第二，均承担了55项，占比均为1.36%；其余单位承担项目的数量均在23项及以上，占比均在0.57%及以上。从项目承担单位的属性来看，社科院系统、高等院校承担了较多数量的中国文学学科项目，尤其是高等院校，在承担项目数量排名前50的55个单位中有54所高等院校。

（四）立项地区分布情况

对中国文学学科立项地区的分析，可以考察2011至2020年间各地区中国文学学科的学术科研能力及发展状况，表3-44对中国文学学科的立项地区分布情况做了统计。

如表3-44所示，除港澳台以外的31个省（市、自治区）均有立项，平均每个地区126.39项。江苏和北京分别排名第一、第二，立项数量分别为347项和323项，占比分别为8.56%和7.97%，这两个地区处于第一梯队；浙江、上海、山东、广东、河南、陕西、四川、湖北、湖南等地区的立项数量均高于平均立项数量，处于第二梯队；江西、安徽、福建等地区的立项数量均低于平均立项数量，处于第三梯队。

表3-44 中国文学学科立项地区分布情况表

序号	地区	数量（项）	占比（%）	序号	地区	数量（项）	占比（%）
1	江苏	347	8.56	17	重庆	101	2.49
2	北京	323	7.97	18	吉林	89	2.20
3	浙江	251	6.19	19	河北	84	2.07
4	上海	232	5.73	20	广西	80	1.97
5	山东	227	5.60	21	贵州	79	1.95
6	广东	213	5.26	22	云南	77	1.90
7	河南	168	4.15	23	辽宁	74	1.83
8	陕西	163	4.02	24	黑龙江	73	1.80
9	四川	158	3.90	25	天津	73	1.80
10	湖北	155	3.83	26	新疆	59	1.46
11	湖南	149	3.68	27	山西	54	1.33
12	江西	118	2.91	28	青海	38	0.94
13	安徽	116	2.86	29	宁夏	32	0.79
14	福建	115	2.84	30	西藏	30	0.74
15	内蒙古	107	2.64	31	海南	29	0.72
16	甘肃	104	2.57				

（五）立项题目分析

将2011至2020年的中国文学学科立项题目进行整理后，运用“图悦”软件进行分析，得出中国文学国家社科基金项目热词词频分布表（表3-45）及热词权重图（图3-60）。

如表3-45和图3-60所示，“文学”出现了1167次，权重值为1.00，其字号最大也最为明显；“中国”出现了919次，权重值为0.97；其次是“马克思主义”“文化”“小说”“文献”“理论”“叙事”“批评”“古代”。这些词语在权重图中都能被明显地标识出来，反映出国家社科基金项目中中国文学学科的关注热点。

表3-45 中国文学国家社科基金项目热词词频分布表

序号	1	2	3	4	5	6	7	8	9	10
关键词	文学	中国	马克思主义	文化	小说	文献	理论	叙事	批评	古代
词频	1167	919	61	331	280	209	161	141	140	137
权重	1.00	0.97	0.93	0.82	0.80	0.76	0.72	0.70	0.70	0.70

图3-60 中国文学国家社科基金项目热词权重图

三、发展趋势与研究热点

通过对2011至2020年国家社科基金中国文学学科项目基本情况的分析，可以得到以下结论。

1. 中国文学学科的立项数量较多，在国家社科基金的23个学科中占比较高，学科地位较高。通过分析可知，2011至2020年间，国家社科基金共确立了4052项中国文学学科项目，年均立项数量超过400项，立项数量高于大多数学科。近年来，中国文学学科的立项占比虽逐年下降，但占比仍能达到6.92%。中国文学学科的各项目类型立项数量及占比处于合理水平，学科发展趋于稳定。

2. 高等院校是中国文学研究的主要阵地，而高等院校中的师范类院校是中国文学研究中不可或缺的重要力量。通过对项目承担单位情况进行分析可以看出，中国社会科学院具有较强的综合研究能力，承担项目的数量排名第一。除中国社会科学院外，其余项目承担单位全部是高等院校，可见高等院校是中国文学研究的绝对主力。而在承担项目数量排名前50的54所高等院校中，有23所是师范类院校，这在其他学科中是较为少见的。可以说除了综合类院校外，师范类院校在中国文学研究中起到了相当重要的作用。

3. 通过对中国文学学科立项地区分布情况进行分析可知，2011至2020年间，中国文学学科获得立项的省、市、自治区达到31个，立项地域分布广泛。但立项地区分布呈集中趋势，立项数量排名前10的地区共承担了2237个项目，占比为55.21%，这些地区是我国中国文学研究的核心区域，而排名靠后的地区大多经济相对落后。

4. 通过对中国文学国家社科基金项目热词词频分布和热词权重进行分析可以看出，近年来围绕“马克思主义”与中国文学的研究，中国文学与中国“文化”的研究，中国古典“小说”、明清“小说”、当代“小说”的研究是中国文学研究的热点。另外，对各类“文献”的整理与研究、文学批评、叙事文学也有很多学者在关注。

第十六节　外国文学

一、引言

外国文学囊括了世界各个民族及地区文学的精华，其在人类的文明发展过程中具有非常现实的意义。外国文学作为一门独立且具有完整性的学科，有助于提高各个民族及地区的人文素养，有助于加快各个民族及地区的相互交流。

通过对以往文献进行分析和整理，从国家社科基金立项的角度对外国文学学科的发展情况进行分析的成果较少。张剑锋以2000至2017年外国文学学科中英语文学方向的立项课题为研究对象，运用了综合定量与定性研究的方法，并结合后期语义分析，勾勒出了英语文学研究的基本风貌，为英语文学学科的后续研究提供了参考；闫洁通过对2003至2012年国家社科基金外国文学立项课题进行分析，从研究国家、文体和类型3个方面进行研究，把握了外国文学学科的研究热点和发展趋势；陈秋玲从立项数量、项目类型、地区分布、项目主持人、单位隶属等外部信息对1993至2008年间国家社科基金外国文学研究领域的项目进行了统计分析，探究了外国文学的研究现状，促进了我国外国文学研究的进一步发展。

二、国家社科基金项目立项概况

从立项数量与占比情况、立项类型与占比情况、项目承担单位情况、立项地区分布情况、立项题目等方面对2011至2020年国家社科基金外国文学学科的立项情况进行统计分析和客观描述。

（一）各年度立项数量统计与占比分析

通过数据收集与整理，共得到1329项与外国文学学科相关的国家社科基金项目。按照年度顺序进行排列，得出了外国文学国家社科基金项目立项数量分布图（图3-61）。

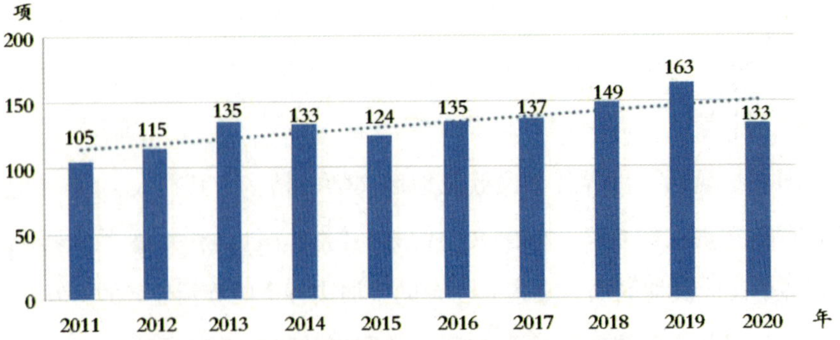

图3-61 外国文学国家社科基金项目立项数量分布图

如3-61所示，2011至2020年，外国文学学科的立项数量总体呈上升趋势。具体来看，在外国文学学科的发展过程中出现过两次上升回落的过程。第一次出现在2011至2015年，立项数量从105项增至135项后，回落至124项；第二次出现在2015至2020年，立项数量从124项增至163项后，回落至133项。

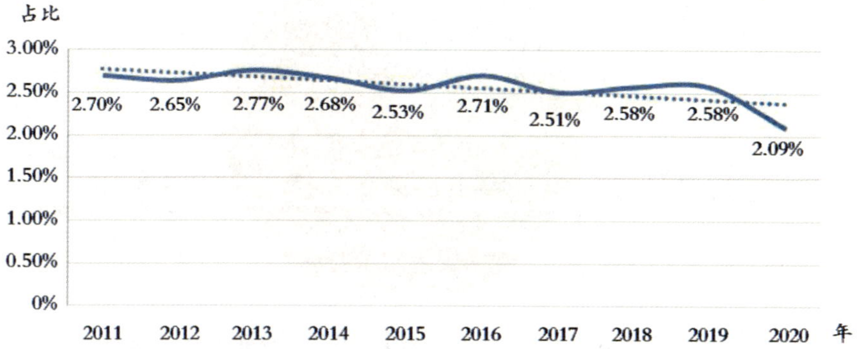

图3-62　外国文学国家社科基金项目立项占比图

如图3-62所示，2011至2020年，外国文学学科的立项占比呈波动下降趋势。相比其他年份，2020年的立项占比下降较多，且降至近年来的最低值，为2.09%。

（二）各项目类型立项数量统计与占比分析

外国文学学科的立项项目分布于国家社科基金的重点项目、一般项目、青年项目、西部项目、后期资助项目、中华学术外译项目、成果文库等类型，2011至2020年外国文学国家社科基金各项目类型立项数量与占比情况如图3-63所示。

据图3-63可知，在7类项目类型中，一般项目为主要的立项类型，立项数量为748项，占比为56.28%；青年项目的立项数量为278项，占比为20.92%；后期资助项目的立项数量为156项，占比为11.74%；西部项目和重点项目的占比相当，分别为4.59%和4.36%；成果文库和中华学术外译项目的立项数量较少，占比较低。

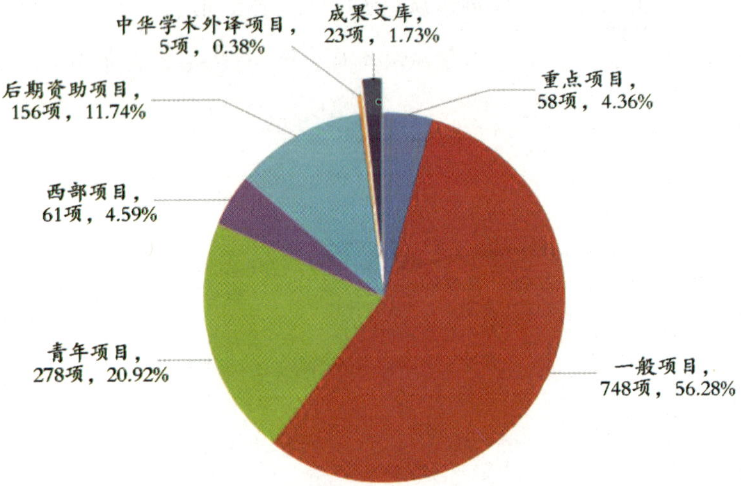

图3-63 外国文学国家社科基金各项目类型立项数量与占比情况图

（三）项目承担单位情况

通过对外国文学学科项目承担人所在单位进行统计分析，按照承担项目数量从多到少的顺序进行排列，选取排名前30的单位制作了外国文学学科项目高频承担单位分布情况表（表3-46）。

如表3-46所示，从排名前30的项目承担单位分布情况来看，南京大学排名第一，共承担了27项，占比为2.03%；浙江大学和四川外国语大学排名第二，均承担了26项，占比均为1.96%；其余单位承担项目的数量均在12项及以上，占比均在0.90%及以上。从项目承担单位的属性来看，高等院校、社科院系统承担了较多数量的项目，在项目承担数量排名前30的单位中有29所高等院校，这说明高等院校是我国外国文学研究的重要力量。

表3-46　外国文学项目高频承担单位分布情况表

序号	单位	数量（项）	占比（%）	序号	单位	数量（项）	占比（%）
1	南京大学	27	2.03	16	中国社会科学院	17	1.28
2	浙江大学	26	1.96	17	大连外国语大学	16	1.20
3	四川外国语大学	26	1.96	18	北京师范大学	15	1.13
4	湖南师范大学	23	1.73	19	延边大学	15	1.13
5	北京大学	22	1.66	20	中山大学	14	1.05
6	北京外国语大学	21	1.58	21	东北师范大学	14	1.05
7	南京师范大学	21	1.58	22	浙江工商大学	14	1.05
8	中国人民大学	20	1.50	23	首都师范大学	13	0.98
9	上海外国语大学	19	1.43	24	复旦大学	13	0.98
10	杭州师范大学	19	1.43	25	上海交通大学	13	0.98
11	广东外语外贸大学	18	1.35	26	南开大学	13	0.98
12	苏州大学	18	1.35	27	宁波大学	13	0.98
13	厦门大学	17	1.28	28	武汉大学	12	0.90
14	华中师范大学	17	1.28	29	山东大学	12	0.90
15	四川大学	17	1.28	30	西南大学	12	0.90

（四）立项地区分布情况

对外国文学学科立项地区的分析，可以考察2011至2020年间各地区外国文学学科的学术科研能力及发展状况，表3-47对外国文学学科的立项地区分布情况做了统计。

如表3-47所示，除港澳台以外的31个省（市、自治区）均有立项，平均每个地区41.74项。北京、江苏、浙江、上海排名前四，立项数量分别为170项、140项、129项、105项，占比分别为12.79%、10.53%、9.71%、7.90%，这4个地区处于第一梯队；湖南、广东、山东、重庆、湖北、四川、吉林等地区的立项数量均高于平均立项数量，处于第二梯队；河南、天津、辽宁等地区的立项数量均低于平均立项数量，处于第三梯队。

表3-47　外国文学学科立项地区分布情况表

序号	地区	数量（项）	占比（%）	序号	地区	数量（项）	占比（%）
1	北京	170	12.79	17	陕西	26	1.96
2	江苏	140	10.53	18	广西	23	1.73
3	浙江	129	9.71	19	黑龙江	22	1.66
4	上海	105	7.90	20	云南	19	1.43
5	湖南	74	5.57	21	河北	16	1.20
6	广东	70	5.27	22	安徽	15	1.13
7	山东	56	4.2	23	甘肃	14	1.05
8	重庆	55	4.14	24	宁夏	12	0.90
9	湖北	51	3.84	25	山西	10	0.75
10	四川	49	3.69	26	贵州	8	0.60
11	吉林	43	3.24	27	内蒙古	8	0.60
12	河南	37	2.78	28	青海	5	0.38
13	天津	36	2.71	29	海南	4	0.30
14	辽宁	32	2.41	30	新疆	4	0.30
15	福建	30	2.26	31	西藏	2	0.15
16	江西	29	2.18				

（五）立项题目分析

将2011至2020年的外国文学学科立项题目进行整理后，运用“图悦”软件进行分析，得出外国文学国家社科基金项目热词词频分布表（表3-48）及热词权重图（图3-64）。

表3-48　外国文学国家社科基金项目热词词频分布表

序　号	1	2	3	4	5	6	7	8	9	10
关键词	文学	马克思主义	小说	美国	中国	文化	英国	叙事	日本	思想
词　频	399	36	236	187	151	124	111	84	84	80
权　重	1.00	0.96	0.91	0.87	0.84	0.81	0.79	0.74	0.74	0.73

图3-64　外国文学国家社科基金项目热词权重图

如表3-48和图3-64所示，“文学”出现了399次，权重值为1.00，其字号最大也最为明显；“马克思主义”出现了36次，权重值为0.96；其次是“小说”“美国”“中国”“文化”“英国”“叙事”“日本”“思想”。这些词语在权重图中都能被明显地标识出来，反映出国家社科基金项目中外国文学学科的关注热点。

三、发展趋势与研究热点

通过对2011至2020年国家社科基金外国文学学科项目基本情况的分析，可以得到以下结论。

1. 外国文学学科的立项数量虽总体呈上升趋势，但立项占比呈波动下降趋势，学科地位有待进一步加强。在国家社科基金的23个学科中，外国文学学科属于较小学科，立项数量较少，立项占比较低。通过分析可知，2011至2020

年间，外国文学学科的立项数量从105项增至133项，总体呈小幅上升趋势，2011至2019年间的立项占比基本保持稳定，但2020年有较为明显的下降。总体来说，外国文学的学科地位需要进一步加强。

2. 从项目承担单位情况来看，外国文学研究的主要阵地在高等院校，项目承担数量排名前30的单位中有29所高等院校。在高等院校中除部分重点院校外，部分外国语大学也承担了较多数量的项目，外国语大学具有较强的语言环境，在外国文学的研究中占有很大优势，如四川外国语大学、北京外国语大学、上海外国语大学等。

3. 从立项地区分布情况来看，除港澳台外的31个省（市、自治区）均有立项立项，立项覆盖面广泛。然而对具体的立项数据进行分析后可以发现，外国文学学科的立项在各地区的分布非常不均衡，经济发达地区的立项数量最多，如北京、江苏、浙江等，这些地区在人才培养、信息获取及科研能力等方面处于绝对的优势地位。另一方面，经济欠发达地区的立项数量非常少，这些地区高等院校少、科研实力薄弱，很难与经济发达地区形成竞争。

4. 通过对外国文学国家社科基金项目热词词频分布和热词权重进行分析可以看出，近年来，“美国”“英国”“日本”等国家的文学作品是外国文学研究的主要关注点；外国文学的研究主要以“小说”为主，其他研究为辅；“文化”研究受到广大学者的青睐。另外，比较文学正逐渐成为我国外国文学研究的一个新发展趋势。

第十七节　语言学

一、引言

语言是人类最重要的交际工具，语言学是一门以人类语言为研究对象的学科，其研究的对象是客观存在的语言事实。

通过对以往文献进行分析和整理，已有部分学者从国家社科基金立项的角度对语言学学科的发展情况进行了分析。刘灏等通过对2013至2018年国家社科基金语言学的立项情况进行统计分析，探讨了我国语言学研究的现状和发展趋势；王凡菊采用词频统计的方法，对2014至2018年国家社科基金外国语言学重大项目、重点项目、一般项目及青年项目进行了分析；刘泽权等采用定量分析和定性分析相结合的方法，从立项数量、主持人情况、学科领域及研究方法等4个方面，对2013至2017年国家社科基金语言、文学类的3536个重大项目、重点项目、一般项目和青年项目进行了分析，总结出了相关课题立项的分布态势、立项规律；于云晴通过对2011至2015年国家社科基金重大项目中语言学立项课题的统计，分析了重大项目中语言学立项的重点和热点，反映出语言学研究的发展趋势；张世渊对2011至2015年国家社科基金西部项目中语言学立项项目进行了分析研究，通过提取关键词对语言学的发展趋势和研究热点进行了分析。

二、国家社科基金项目立项概况

从立项数量与占比情况、立项类型与占比情况、项目承担单位情况、立项地区分布情况、立项题目等方面对2011至2020年国家社科基金语言学学科的立项情况进行统计分析和客观描述。

（一）各年度立项数量统计与占比分析

通过数据收集与整理，共得到3445项与语言学学科相关的国家社科基金项目。按照年度顺序进行排列，得出了语言学国家社科基金项目立项数量分布图（图3-65）。

如图3-65所示，2011至2020年，语言学学科的立项数量总体呈上升趋势。2011至2013年，立项数量呈上升趋势，由256项增至330项；2014年和2015年的立项数量有所下降；2015至2020年，立项数量呈上升趋势，2020年的立项数量达到415项，为近年来的最高值。

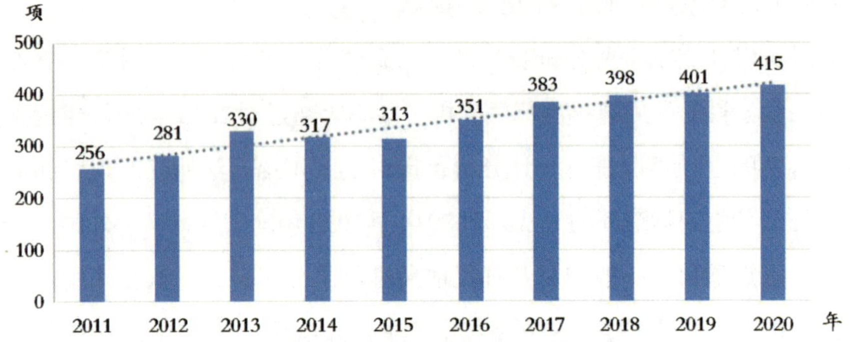

图3-65 语言学国家社科基金项目立项数量分布图

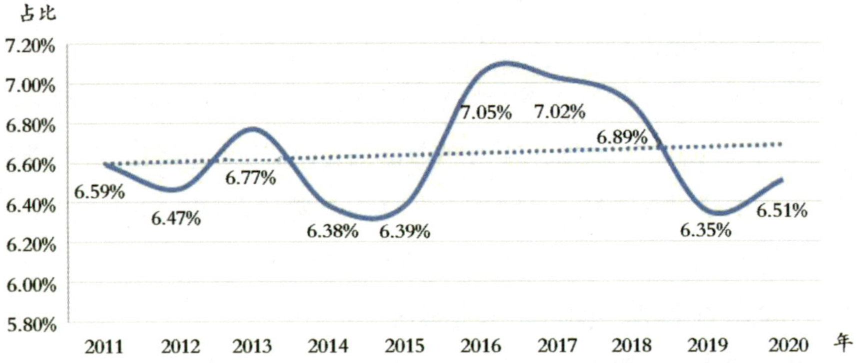

图3-66 语言学国家社科基金项目立项占比图

如图3-66所示，2011至2020年，语言学学科的立项占比波动较大，呈多次急速上升又急速下降的趋势。2011至2013年，立项占比由6.59%降至6.47%，后升至6.77%；2014年和2015年的立项占比分别降至6.38%和6.39%，之后2016年急速升至7.05%；2017至2019年，立项占比逐年下降，2019年的立项占比是近年来的最低值，为6.35%；2020年的立项占比稍有回升，为6.51%。

（二）各项目类型立项数量统计与占比分析

语言学学科的立项项目分布于国家社科基金的重点项目、一般项目、青年项目、西部项目、后期资助项目、中华学术外译项目、成果文库等类型，2011至2020年语言学国家社科基金各项目类型立项数量与占比情况如图3-67所示。

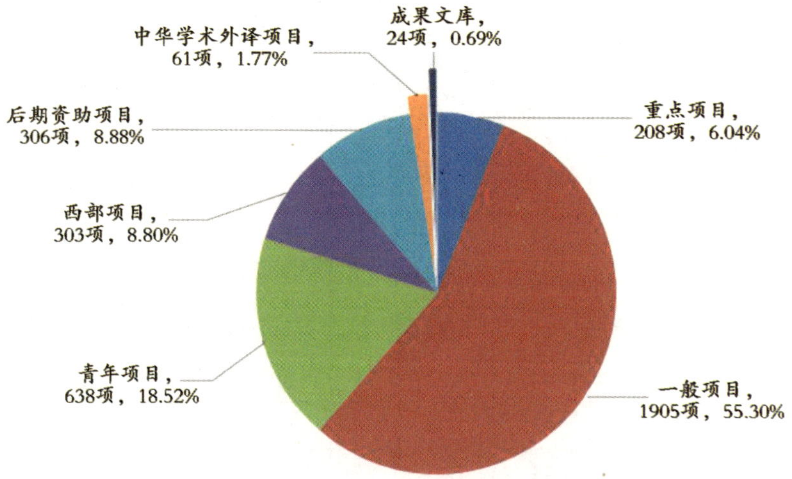

图3-67　语言学国家社科基金各项目类型立项数量与占比情况图

据图3-67可知，在7类项目类型中，一般项目为主要的立项类型，立项数量为1905项，占比为55.30%；青年项目的立项数量为638项，占比为18.52%；后期资助项目和西部项目的立项数量分别为306项和303项，占比分别为8.88%和8.80%；重点项目的立项数量为208项，占比为6.04%；中华学术外译项目和成果文库的立项数量较少，占比较低。

（三）项目承担单位分布情况

通过对语言学学科项目承担人所在单位进行统计分析，按照承担项目数量从多到少的顺序进行排列，选取排名前50的单位制作了语言学学科项目高频承担单位分布情况表（表3-49）。

表3-49　语言学学科项目高频承担单位分布情况表

序号	单位	数量（项）	占比（%）	序号	单位	数量（项）	占比（%）
1	广东外语外贸大学	61	1.77	28	湖南大学	26	0.75
2	中国社会科学院	56	1.63	29	山东大学	26	0.75
3	北京语言大学	54	1.57	30	南开大学	26	0.75
4	中央民族大学	50	1.45	31	东北师范大学	25	0.73
5	北京外国语大学	48	1.39	32	吉林大学	25	0.73
6	暨南大学	44	1.28	33	首都师范大学	24	0.70
7	南京师范大学	43	1.25	34	河南大学	24	0.70
8	浙江大学	43	1.25	35	江西师范大学	24	0.70
9	北京大学	41	1.19	36	内蒙古师范大学	24	0.70
10	内蒙古大学	41	1.19	37	青海师范大学	24	0.70
11	复旦大学	41	1.19	38	上海交通大学	24	0.70
12	华中师范大学	40	1.16	39	云南民族大学	24	0.70
13	西南大学	39	1.13	40	云南师范大学	24	0.70
14	上海师范大学	38	1.10	41	安徽大学	23	0.67
15	上海外国语大学	37	1.07	42	中国人民大学	23	0.67
16	华东师范大学	36	1.04	43	河北大学	23	0.67
17	黑龙江大学	34	0.99	44	苏州大学	23	0.67
18	北京师范大学	33	0.96	45	解放军外国语学院	23	0.67
19	中山大学	33	0.96	46	广西师范大学	22	0.64
20	江苏师范大学	32	0.93	47	扬州大学	22	0.64
21	宁波大学	32	0.93	48	福建师范大学	21	0.61
22	湖南师范大学	30	0.87	49	华侨大学	21	0.61
23	陕西师范大学	30	0.87	50	广西大学	21	0.61
24	厦门大学	28	0.81	51	华中科技大学	21	0.61
25	南京大学	28	0.81	52	曲阜师范大学	21	0.61
26	浙江师范大学	28	0.81	53	四川大学	21	0.61
27	四川外国语大学	27	0.78	54	新疆大学	21	0.61

如表3-49所示，从排名前50的项目承担单位分布情况来看，广东外语外贸大学排名第一，共承担了61项，占比为1.77%；中国社会科学院排名第二，共承担了56项，占比为1.63%；北京语言大学排名第三，共承担了54项，占比为1.57%；其余单位承担项目的数量均在21项及以上，占比均在0.61%及以上。从项目承担单位的属性来看，高等院校和社科院系院承担了较多的项目，承担项目数量排名前50的单位中有53所高等院校，而高等院校中的语言类大学、师范类大学占比较高。

（四）立项地区分布情况

对语言学学科立项地区的分析，可以考察2011至2020年间各地区语言学学科的学术科研能力及发展状况，表3-50对语言学学科的立项地区分布情况做了统计。

表3-50　语言学学科立项地区分布情况表

序号	地区	数量（项）	占比（%）	序号	地区	数量（项）	占比（%）
1	北京	392	11.38	17	广西	77	2.24
2	上海	265	7.69	18	吉林	77	2.24
3	江苏	257	7.46	19	天津	74	2.15
4	浙江	227	6.59	20	黑龙江	71	2.06
5	广东	220	6.39	21	甘肃	64	1.86
6	湖北	150	4.35	22	新疆	63	1.83
7	湖南	143	4.15	23	安徽	62	1.80
8	山东	134	3.89	24	江西	58	1.68
9	重庆	111	3.22	25	河北	53	1.54
10	内蒙古	109	3.16	26	贵州	44	1.28
11	河南	100	2.90	27	青海	37	1.07
12	四川	98	2.84	28	山西	36	1.04
13	陕西	93	2.70	29	宁夏	26	0.75
14	福建	90	2.61	30	西藏	23	0.67
15	辽宁	80	2.32	31	海南	22	0.64
16	云南	78	2.26				

如表3-50所示，除港澳台以外的31个省（市、自治区）均有立项，平均每个地区107.55项。北京排名第一，共承担了392项，占比为11.38%，处于第一梯队；上海、江苏、浙江、广东、湖北、湖南、山东、重庆、内蒙古等地区的立项数量均高于平均立项数量，处于第二梯队；河南、四川、陕西等地区的立项数量均低于平均立项数量，处于第三梯队。

（五）立项题目分析

将2011至2020年的语言学学科立项题目进行整理后，运用“图悦”软件进行分析，得出语言学国家社科基金项目热词词频分布表（表3-51）及热词权重图（图3-68）。

表3-51　语言学国家社科基金项目热词词频分布表

序　号	1	2	3	4	5	6	7	8	9	10
关键词	汉语	中国	方言	语料库	英语	语法	认知	语义	对比	话语
词　频	775	275	247	229	220	210	207	172	151	144
权　重	1.00	0.84	0.83	0.82	0.81	0.80	0.80	0.77	0.76	0.75

图3-68　语言学国家社科基金项目热词权重图

如表3-51和图3-68所示，“汉语”出现了775次，权重值为1.00，其字号最大也最为明显；“中国”出现了275次，权重值为0.84；其次是“方言”“语料库”“英语”“语法”“认知”“语义”“对比”“话语”。这些词语在权重图中都能被明显地标识出来，反映出国家社科基金项目中语言学学科的关注热点。

三、发展趋势与研究热点

通过对2011至2020年国家社科基金语言学学科项目基本情况的分析，可以得到以下结论。

1. 我国语言学学科的发展总体较为稳定。通过对立项数量进行分析可以看出，语言学学科的立项数量总体呈上升趋势。通过对立项占比进行分析可以看出，2011至2020年间，虽然立项占比浮动较大，但始终保持在7.00%上下。从立项类型来看，一般项目的占比较高，青年项目、西部项目、后期资助项目、重点项目均有一定占比，中华学术外译项目和成果文库的占比较低。

2. 从项目承担单位情况来看，高等院校和社科院系统是语言学研究的主要阵地，且项目承担单位中语言类大学、师范类大学、综合性大学的占比较高。

3. 从立项地区分布情况来看，北京、上海、江苏等经济发达地区的立项数量较多，占比较高，而中西部经济欠发达地区所承担的项目较少，占比较低。由此可见，语言学学科的国家社科基金项目在地区分布上呈现分散性和集中性的特点。

4. 通过对语言学国家社科基金项目热词词频分布及热词权重进行分析可以看出，“汉语”的研究热度最高，在有关“汉语”研究的方向中对“方言”的研究是广大学者关注的热点之一。除此之外，对“英语”“法语”等语种的研究也占有非常重要的比例。另外，对“语料库”“语义”等的研究也是语言学研究的热点领域。

第十八节　新闻学与传播学

一、引言

国家社科基金新闻学与传播学项目的设立对推动新闻学与传播学学科的发展，以及解决国家社会发展中的现实问题具有重大意义。

通过对以往文献进行分析和整理，已有部分学者从国家社科基金立项的角度对新闻学与传播学学科进行了分析。杨迎春以2015至2019年国家社科基金新闻学与传播学项目为研究对象，用文献分析、数据统计及人工读审的方法对项目内容予以归纳分类，在分析的基础上，对新闻学与传播学学科的发展动向进行了阐述；储敏等从立项时间、项目类型、项目单位所属及所在地区、项目负责人、项目内容主题等方面对2000至2019年间，关于农村传播学的项目进行了统计分析；崔钰杭以云南省少数民族新闻传播研究项目为研究对象，从立项分布、立项类型及各年数据变化、研究选题、研究成果等方面进行了统计分析，呈现出了云南省少数民族新闻传播研究的现状；陈念念等以2015至2017年国家社科基金新闻学与传播学立项数据为研究对象，分别从宏观层面和微观层面对其进行分析，解读了新闻学与传播学学科的研究状况和发展趋势。

二、国家社科基金项目立项概况

从立项数量与占比情况、立项类型与占比情况、项目承担单位情况、立项地区分布情况、立项题目等方面对2011至2020年国家社科基金新闻学与传播学学科的立项情况进行统计分析和客观描述。

（一）各年度立项数量统计与占比分析

通过数据收集与整理，共得到1677项与新闻学与传播学学科相关的国家社科基金项目。按照年度顺序进行排列，得出了新闻学与传播学国家社科基金项目立项数量分布图（图3-69）。

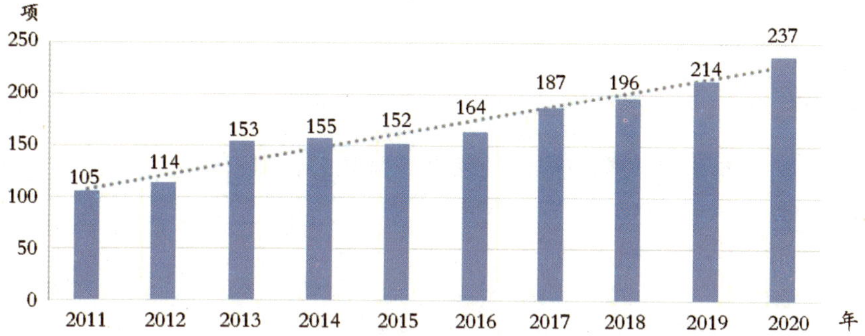

图3-69　新闻学与传播学国家社科基金项目立项数量分布图

如图3-69所示，2011至2020年，新闻学与传播学学科的立项数量总体呈上升趋势，尤其是近年来的上升趋势非常明显。2011年和2012年的立项数量分别为105项和114项；2013年的立项数量增幅较大，增至153项；2014年和2015年的立项数量与2013年基本持平；自2016年开始，立项数量呈明显上升趋势，从2016年的164项增至2020年的237项。

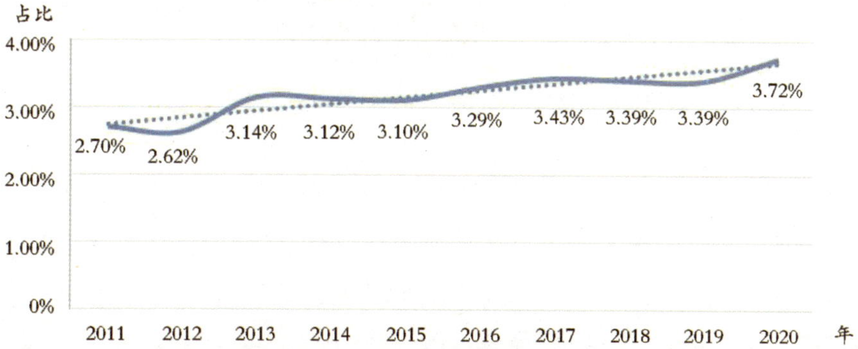

图3-70　新闻学与传播学国家社科基金项目立项占比图

如图3-70所示，2011至2020年，新闻学与传播学学科的立项占比总体呈上升趋势。2011年和2012年的立项占比分别为2.70%和2.62%；自2013年开始，立项占比超过3.00%，并长期保持在3.30%上下，2020年的立项占比为3.72%，是近年来的最高值。

（二）各项目类型立项数量统计与占比分析

新闻学与传播学学科的立项项目分布于国家社科基金的重点项目、一般项目、青年项目、西部项目、后期资助项目、中华学术外译项目、成果文库等类型，2011至2020年新闻学与传播学国家社科基金各项目类型立项数量与占比情况如图3-71所示。

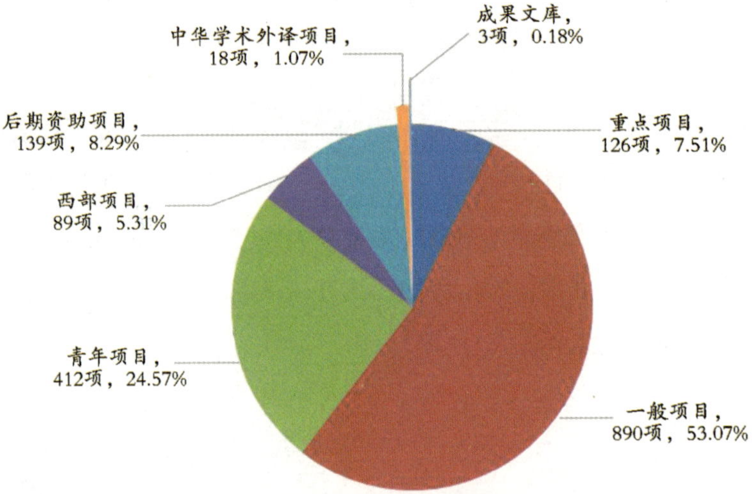

图3-71 新闻学与传播学国家社科基金各项目类型立项数量与占比情况图

据图3-71可知，在7个项目类型中，一般项目为主要的立项类型，立项数量为890项，占比为53.07%；青年项目的立项数量为412项，占比为24.57%；后期资助项目和重点项目的立项数量分别为139项和126项，占比分别为8.29%和7.51%；西部项目、中华学术外译项目、成果文库的立项数量较少，占比较低。

（三）项目承担单位情况

通过对新闻学与传播学学科项目承担人所在单位进行统计分析，按照承担项目数量从多到少的顺序进行排列，选取排名前30的单位制作了新闻学与传播学学科项目高频承担单位分布情况表（表3-52）。

表3-52　新闻学与传播学学科项目高频承担单位分布情况表

序号	单位	数量（项）	占比（%）	序号	单位	数量（项）	占比（%）
1	中国传媒大学	49	2.92	16	郑州大学	19	1.13
2	中国人民大学	33	1.97	17	新疆大学	19	1.13
3	南京大学	31	1.85	18	安徽大学	18	1.07
4	暨南大学	30	1.79	19	南京师范大学	18	1.07
5	华中科技大学	27	1.61	20	西南政法大学	18	1.07
6	武汉大学	27	1.61	21	清华大学	16	0.95
7	浙江大学	24	1.43	22	华南理工大学	16	0.95
8	南昌大学	23	1.37	23	华中师范大学	16	0.95
9	厦门大学	22	1.31	24	江西师范大学	16	0.95
10	湖南师范大学	22	1.31	25	浙江传媒学院	16	0.95
11	复旦大学	22	1.31	26	中国社会科学院	16	0.95
12	上海交通大学	22	1.31	27	广东外语外贸大学	15	0.89
13	四川大学	21	1.25	28	广西大学	15	0.89
14	华东师范大学	20	1.19	29	河南大学	15	0.89
15	深圳大学	19	1.13	30	内蒙古大学	15	0.89

如表3-52所示，从排名前30的项目承担单位分布情况来看，中国传媒大学排名第一，共承担了49项，占比为2.92%；中国人民大学排名第二，共承担了33项，占比为1.97%；南京大学排名第三，共承担了31项，占比为1.85%；其余单位承担项目的数量均在15项及以上，占比均在0.89%及以上。从项目承担单位的属性来看，高等院校、社科院系统承担了较多数量的项目，在承担项目数量排名前30的单位中有29所高等院校，这说明高等院校是我国新闻学与传播学研究的重要力量。

（四）立项地区分布情况

对新闻学与传播学学科立项地区的分析，可以考察2011至2020年间各地区新闻学与传播学学科的学术科研能力及发展状况，表3-53对新闻学与传播学学科的立项地区分布情况做了统计。

表3-53 新闻学与传播学学科立项地区分布情况表

序号	地区	数量（项）	占比（%）	序号	地区	数量（项）	占比（%）
1	北京	237	14.13	17	山东	33	1.97
2	上海	137	8.17	18	云南	24	1.43
3	广东	124	7.39	19	甘肃	23	1.37
4	湖北	121	7.22	20	河北	22	1.31
5	江苏	112	6.68	21	黑龙江	21	1.25
6	浙江	88	5.25	22	辽宁	20	1.19
7	湖南	70	4.17	23	内蒙古	18	1.07
8	四川	66	3.94	24	天津	17	1.01
9	重庆	62	3.70	25	吉林	16	0.95
10	江西	58	3.46	26	贵州	14	0.83
11	陕西	57	3.40	27	西藏	14	0.83
12	福建	53	3.16	28	宁夏	8	0.48
13	河南	51	3.04	29	海南	5	0.30
14	广西	42	2.50	30	青海	4	0.24
15	安徽	38	2.27	31	山西	3	0.18
16	新疆	35	2.09				

如表3-53所示，除港澳台以外的31个省（市、自治区）均有立项，平均每个地区51.39项。北京排名第一，共承担了237项，占比为14.13%，处于第一梯队；上海、广东、湖北、江苏、浙江、湖南、四川、重庆、江西、陕西、福建

等地区的立项数量均高于平均立项数量，处于第二梯队；河南、广西、安徽等地区的立项数量均低于平均立项数量，处于第三梯队。

（五）立项题目分析

将2011至2020年的新闻学与传播学学科立项题目进行整理后，运用“图悦”软件进行分析，得出新闻学与传播学国家社科基金项目热词词频分布表（表3-54）及热词权重图（图3-72）。

表3-54　新闻学与传播学国家社科基金项目热词词频分布表

序　号	1	2	3	4	5	6	7	8	9	10
关键词	传播	中国	网络	文化	媒介	新媒体	机制研究	舆论	时代	策略
词　频	589	309	205	160	131	130	124	120	110	99
权　重	1.00	0.90	0.84	0.80	0.77	0.76	0.76	0.75	0.74	0.72

图3-72　新闻学与传播学国家社科基金项目热词权重图

如表3-54和图3-72所示，“传播”出现了589次，权重值为1.00，其字号最大也最为明显；“中国”出现了309次，权重值为0.90；其次是“网络”“文化”“媒介”“新媒体”“机制研究”“舆论”“时代”“策略”。这些词语在权重图中都能被明显地标识出来，反映出国家社科基金项目中新闻学与传播学学科的关注热点。

三、发展趋势与研究热点

通过对2011至2020年国家社科基金新闻学与传播学学科项目基本情况的分析，可以得到以下结论。

1. 2011至2020年间，新闻学与传播学学科不论在立项数量上，还是在立项占比上都有所提高，各项目类型分布合理，这在一定程度上说明新闻学与传播学的学科发展得到了国家的重视。习近平总书记曾多次就新闻宣传和舆论工作发表重要讲话，极大地促进了新闻学与传播学的学科发展。

2. 从项目承担单位情况来看，高等院校和社科院系统承担了较多数量的项目。高等院校中的中国传媒大学、中国人民大学是新闻学与传播学研究的重要阵地，两所高校均是国家“双一流”建设高校，共承担了4.89%的国家社科基金新闻学与传播学项目。在2017年教育部全国第四轮学科评估中，中国传媒大学和中国人民大学的新闻传播学一级学科获评“A+”。除这两所高等院校外，其他多所重点院校也都在对新闻学与传播学的研究过程中起到了重要作用，如华中科技大学、清华大学、复旦大学等。此外，中国社会科学院和四川省社会科学院也承担了部分项目。

3. 通过对新闻学与传播学国家社科基金项目热词词频分布及热词权重进行分析可以看出，近年来在新闻学与传播学的研究中，如“新媒体”“媒介”“策略”“机制研究”等运用性和实践性研究逐渐成为广大学者关注的热点。随着近年来互联网的快速发展，有关“网络”传播趋势及相关问题的研究也成了众多学者关注的热点领域。

第十九节 人口学

一、引言

人口学是一门研究人口变动过程与规律的学科，包括人口理论和人口统计学，以及一系列分支学科。

通过对以往文献进行分析和整理，从国家社科基金立项的角度对人口学学科进行分析的成果较少。陈芳依据全国哲学社会科学规划办公室网站的公开数据，对我国2010年以来国家社科基金人口学立项情况进行分析，得出了4个方面的结论，一是立项数量相对偏少，二是青年项目立项呈减少趋势，三是主持单位多元化与集中化并存，四是预期成果创新性不足；董明以1997至2009年间国家社科基金项目人口学学科的立项数据为研究对象，分析了人口学学科项目总体数量年度分布、项目类型、项目主持单位系统、项目研究内容及项目预期成果形式，探讨了人口学学科的发展现状，为人口学学科的进一步发展提供了参考意见。

二、国家社科基金项目立项概况

从立项数量与占比情况、立项类型与占比情况、项目承担单位情况、立项地区分布情况、立项题目等方面对2011至2020年国家社科基金人口学学科的立项情况进行统计分析和客观描述。

（一）各年度立项数量统计与占比分析

通过数据收集与整理，共得到696项与人口学学科相关的国家社科基金项目。按照年度顺序进行排列，得出了人口学国家社科基金项目立项数量分布图（图3–73）。

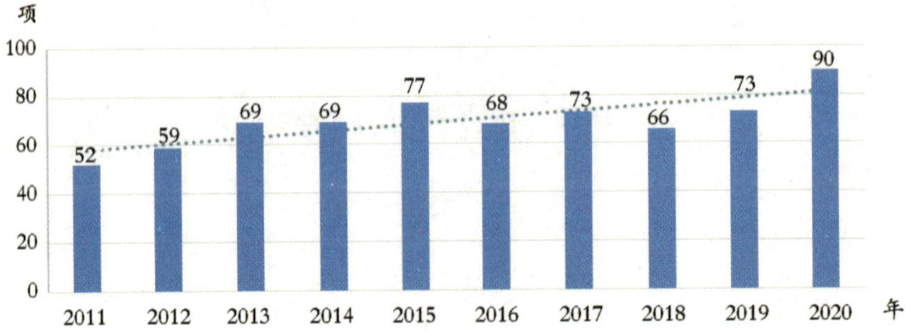

图3-73　人口学国家社科基金项目立项数量分布图

如图3-73所示，2011至2020年，人口学学科的立项数量总体呈上升趋势，但总体体量较小。2011至2015年，立项数量从52项增至77项；2016至2020年，立项数量呈上下波动趋势，2016年的立项数量降至68项，2017年的立项数量升至73项，2018年的立项数量降至66项，2019年和2020年的立项数量均有所上升，2020年的立项数量为90项，是近年来的最高值。

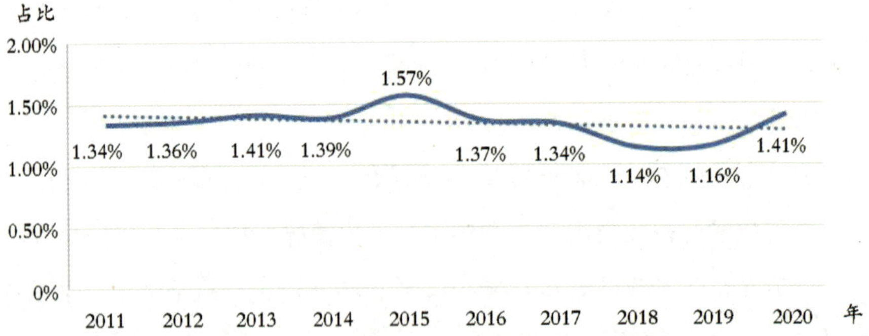

图3-74　人口学国家社科基金项目立项占比图

如图3-74所示，2011至2020年，人口学学科的立项占比呈波动上升趋势。2011至2014年，立项占比基本持平，在1.40%上下浮动；2015年的立项占比呈明显上升趋势，达到1.57%，为近年来的最高值；2016至2018年，立项占比逐年下降，2018年的立项占比降至1.14%，为近年来的最低值；2019至2020年，立项占比逐年上升，到2020年，立项占比达到1.41%。

（二）各项目类型立项数量统计与占比分析

人口学学科的立项项目分布于国家社科基金的重点项目、一般项目、青年项目、西部项目、后期资助项目、中华学术外译项目、成果文库等类型，2011至2020年人口学国家社科基金各项目类型立项数量与占比情况如图3-75所示。

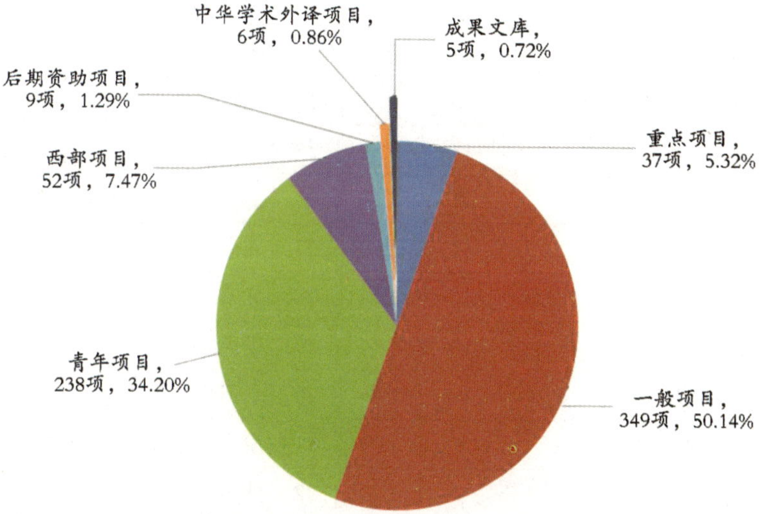

图3-75　人口学国家社科基金各项目类型立项数量与占比情况图

据图3-75可知，在7个项目类型中，一般项目为主要的立项类型，立项数量为349项，占比为50.14%；青年项目的立项数量为238项，占比为34.20%；西部项目和重点项目的立项数量分别为52项和37项，占比分别为7.47%和5.32%；后期资助项目、中华学术外译项目、成果文库的立项数量较少，占比较低。

（三）项目承担单位情况

通过对人口学学科项目承担人所在单位进行统计分析，按照承担项目数量从多到少的顺序进行排列，选取排名前30的单位制作了人口学学科项目高频承担单位分布情况表（表3-55）。

表3-55　人口学学科项目高频承担单位分布情况表

序号	单位	数量（项）	占比（%）	序号	单位	数量（项）	占比（%）
1	北京大学	23	3.30	18	南开大学	8	1.15
2	中国人民大学	20	2.87	19	山东工商学院	7	1.01
3	中国社会科学院	18	2.59	20	陕西师范大学	7	1.01
4	西安交通大学	16	2.30	21	上海社会科学院	7	1.01
5	河北大学	14	2.01	22	华中科技大学	6	0.86
6	西南财经大学	14	2.01	23	南京大学	6	0.86
7	首都经济贸易大学	13	1.87	24	东北财经大学	6	0.86
8	中南财经政法大学	13	1.87	25	上海大学	6	0.86
9	南京邮电大学	11	1.58	26	上海工程技术大学	6	0.86
10	复旦大学	11	1.58	27	北京师范大学	5	0.72
11	中央财经大学	10	1.44	28	北京市委党校	5	0.72
12	山东社会科学院	10	1.44	29	中山大学	5	0.72
13	华东师范大学	10	1.44	30	贵州财经大学	5	0.72
14	中央民族大学	9	1.29	31	南京师范大学	5	0.72
15	辽宁大学	9	1.29	32	四川大学	5	0.72
16	中国人口与发展研究中心	8	1.15	33	云南大学	5	0.72
17	济南大学	8	1.15				

如表3-55所示，从排名前30的项目承担单位分布情况来看，北京大学排名第一，共承担了23项，占比为3.30%；中国人民大学排名第二，共承担了20项，占比为2.87%；中国社会科学院排名第三，共承担了18项，占比为2.59%；其余单位承担项目的数量均在5项及以上，占比均在0.72%及以上。从项目承担单位的属性来看，高等院校、社科院系统、研究机构、党校系统都承担了部分项目，而在这些单位中，高等院校的占比最高。

（四）立项地区分布情况

对人口学学科立项地区的分析，可以考察2011至2020年间各地区人口学学科的学术科研能力及发展状况，表3-56对人口学学科的立项地区分布情况做了统计。

表3-56　人口学学科立项地区分布情况表

序号	地区	数量（项）	占比（%）	序号	地区	数量（项）	占比（%）
1	北京	103	14.80	17	天津	13	1.87
2	上海	60	8.62	18	河南	12	1.72
3	江苏	59	8.48	19	福建	11	1.58
4	陕西	45	6.47	20	吉林	10	1.44
5	山东	37	5.32	21	宁夏	8	1.15
6	湖北	35	5.03	22	新疆	7	1.01
7	四川	31	4.45	23	甘肃	6	0.86
8	浙江	28	4.02	24	湖南	6	0.86
9	河北	26	3.74	25	江西	6	0.86
10	重庆	24	3.45	26	内蒙古	6	0.86
11	广东	22	3.16	27	海南	5	0.72
12	辽宁	17	2.44	28	黑龙江	5	0.72
13	贵州	15	2.16	29	山西	4	0.57
14	云南	15	2.16	30	青海	3	0.43
15	安徽	14	2.01	31	西藏	1	0.14
16	广西	13	1.87				

如表3-56所示，除港澳台以外的31个省（市、自治区）均有立项，平均每个地区20.87项。北京排名第一，共承担了103项，占比为14.80%，处于第一梯队；上海、江苏、陕西、山东、湖北、四川、浙江、河北、重庆、广东等地区

的立项数量均高于平均立项数量，处于第二梯队；辽宁、贵州、云南等地区的立项数量均低于平均立项数量，处于第三梯队。

（五）立项题目分析

将2011至2020年的人口学学科立项题目进行整理后，运用“图悦”软件进行分析，得出人口学国家社科基金项目热词词频分布表（表3-57）及热词权重图（图3-76）。

表3-57　人口学国家社科基金项目热词词频分布表

序　号	1	2	3	4	5	6	7	8	9	10
关键词	人口	政策	养老	家庭	老年人	健康	农村	中国	生育	流动
词　频	168	92	83	79	75	75	73	69	55	55
权　重	1.00	0.88	0.86	0.85	0.84	0.84	0.84	0.83	0.78	0.78

图3-76　人口学国家社科基金项目热词权重图

如表3-57和图3-76所示，“人口”出现了168次，权重值为1.00，其字号最大也最为明显；“政策”出现了92次，权重值为0.88；其次是“养老”“家庭”“老年人”“健康”“农村”“中国”“生育”“流动”。这些词语在权重图中都能被明显地标识出来，反映出国家社科基金项目中人口学学科的关注热点。

三、发展趋势与研究热点

通过对2011至2020年国家社科基金人口学学科项目基本情况的分析，可以得到以下结论。

1. 人口学在国家社科基金的23个学科中属于小学科，立项数量少，且立项占比低。通过对国家社科基金人口学立项数量和立项占比情况进行分析可以看出，近年来人口学学科的立项数量和立项占比总体呈上升趋势，这与国家重视人口学的学科发展息息相关。人口是社会经济发展的必要条件，近年来我国出现了人口老龄化问题，所以应该积极支持人口学的学科发展，为国家提供人口政策，从而积极应对人口老龄化问题，保持我国的人力资源优势。但人口学研究在国家社科基金的23个学科中的占比较低，这与我国人口大国的实际情况不相符，还需要加大对人口学学科的支持力度。

2. 从项目承担单位情况可以看出，人口学学科的项目承担单位主要是高等院校，而高等院校中的重点院校所承担的项目数量远高于一般院校。同时，社科院系统也承担了部分人口学的研究项目，为国家提供政策咨询与参考，如中国社会科学院、山东社会科学院等。此外，党校系统也承担了部分项目，但占比较低，如北京市委党校仅承担了5项，占比为0.72%。

3. 从立项地区分布情况可以看出，各地区之间承担的项目数量有显著差距。经济发达且高等院校数量多的地区，承担的项目数量较多，如北京、上海、江苏等。而经济相对落后且地处偏远的地区，承担的项目数量则较少，如西藏仅有1项。

4. 通过对人口学国家社科基金项目热词词频分布及热词权重进行分析可以看出，对于“人口”“政策”的研究是近年来人口学研究的热点。从研究对象角度来看，对“老年人”群体的研究受到众多学者的关注。除此之外，广大学者对“养老”“生育”“健康”等方面也非常关注。

第二十节 统计学

一、引言

统计学是一门通过搜索、整理、分析数据等手段，以达到推断所测对象的本质，甚至预测对象未来的综合性科学。统计学用到了大量的数学及其他学科的专业知识，其应用范围几乎覆盖了社会科学和自然科学的各个领域。

通过对以往文献进行分析和整理，从国家社科基金立项的角度对统计学学科进行分析的成果较少。任媛等以1997至2016年国家社科基金统计学立项项目为研究对象，从年度分布、项目类别、所属系统、地区分布及项目负责人专业职务等5个方面进行分析，呈现了我国统计学国家社科基金项目的研究现状及发展态势；王飞等以统计学和文献计量学为基础，从项目数量、项目类型、项目承担单位分布和项目成果分布、成果作者分布、成果论文研究热点及研究前沿的演化等几个方面对1997至2015年国家社科基金统计学学科项目进行了统计分析；韩兆洲通过对1999至2008年国家社科基金统计学课题指南、立项项目及后续的应用进行了统计分析，探索了统计学的研究导向，以及研究重点和热点，揭示了统计学的研究趋势。

二、国家社科基金项目立项概况

从立项数量与占比情况、立项类型与占比情况、项目承担单位情况、立项地区分布情况、立项题目等方面对2011至2020年国家社科基金统计学学科的立项情况进行统计分析和客观描述。

（一）各年度立项数量统计与占比分析

通过数据收集与整理，共得到626项与统计学学科相关的国家社科基金项目。按照年度顺序进行排列，得出了统计学国家社科基金项目立项数量分布图（图3-77）。

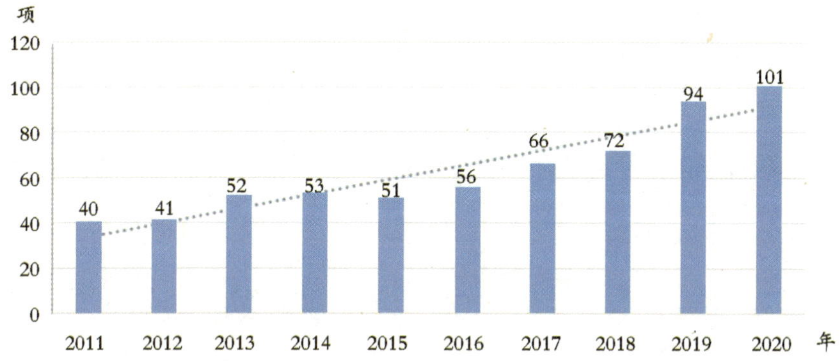

图3-77　统计学国家社科基金项目立项数量分布图

如图3-77所示，2011至2020年，统计学学科的立项数量总体呈上升趋势，但总体体量较小。2011至2014年，立项数量从40项增至53项；2015年的立项数量有所下降，为51项；2016至2020年，立项数量逐年上升，到2020年，立项数量达到近年来的最高值，为101项。

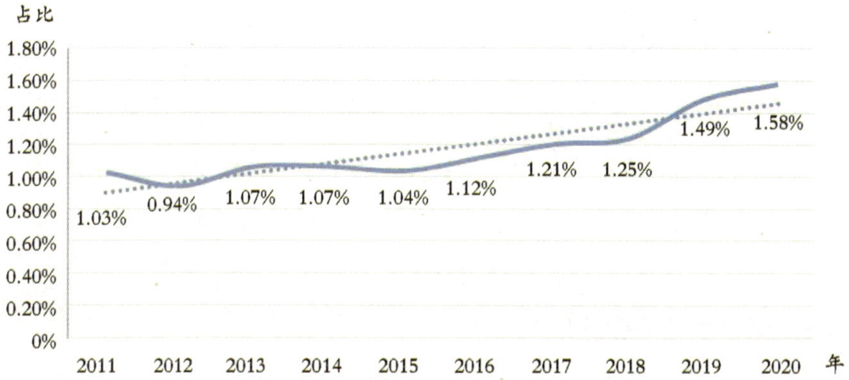

图3-78　统计学国家社科基金项目立项占比图

如图3-78所示，2011至2020年，统计学学科的立项占比总体呈上升趋势。2011年，立项占比为1.03%；2012年的立项占比降至0.94%；2013至2020年，立项占比总体呈上升趋势，2020年的立项占比达到近年来的最高值，为1.58%。

（二）各项目类型立项数量统计与占比分析

统计学学科的立项项目分布于国家社科基金的重点项目、一般项目、青年项目、西部项目、后期资助项目、中华学术外译项目、成果文库等类型，2011至2020年统计学国家社科基金各项目类型立项数量与占比情况如图3-79所示。

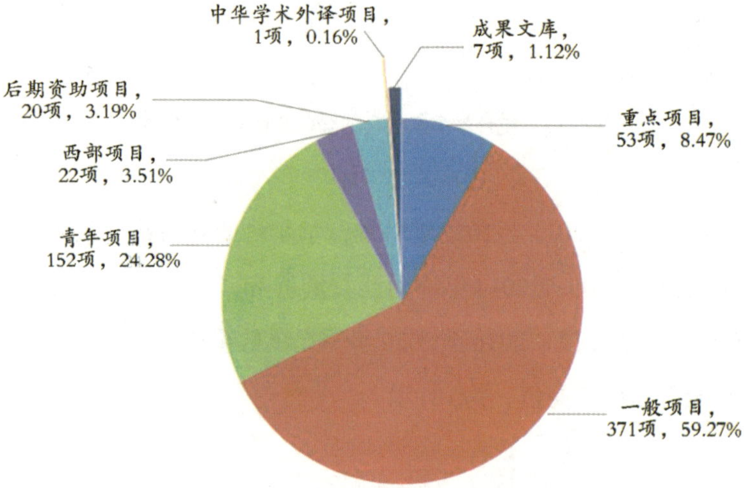

图3-79　统计学国家社科基金各项目类型立项数量与占比情况图

据图3-79可知，在7个项目类型中，一般项目为主要的立项类型，立项数量为371项，占比为59.27%；其次是青年项目，立项数量为152项，占比为24.28%；重点项目的立项数量为53项，占比为8.47%；西部项目、后期资助项目、成果文库、中华学术外译项目的立项数量较少，占比较低。

（三）项目承担单位情况

通过对统计学学科项目承担人所在单位进行统计分析，按照承担项目数量从多到少的顺序进行排列，选取排名前20的单位制作了统计学学科项目高频承担单位分布情况表（表3-58）。

表3-58　统计学学科项目高频承担单位分布情况表

序号	单位	数量（项）	占比（%）	序号	单位	数量（项）	占比（%）
1	浙江工商大学	27	4.31	11	山西财经大学	13	2.08
2	东北财经大学	26	4.15	12	暨南大学	12	1.92
3	江西财经大学	23	3.67	13	厦门大学	11	1.76
4	湖南大学	18	2.88	14	南京财经大学	11	1.76
5	浙江财经大学	18	2.88	15	西南财经大学	11	1.76
6	中南财经政法大学	17	2.72	16	湖北经济学院	10	1.60
7	天津财经大学	16	2.56	17	兰州财经大学	9	1.44
8	北京师范大学	13	2.08	18	广州大学	9	1.44
9	中国人民大学	13	2.08	19	河南大学	9	1.44
10	河北大学	13	2.08	20	西安财经大学	9	1.44

如表3-58所示，从排名前20的项目承担单位分布情况来看，浙江工商大学排名第一，共承担了27项，占比为4.31%；东北财经大学排名第二，共承担了26项，占比为4.15%；江西财经大学排名第三，共承担了23项，占比为3.67%；其余单位承担项目的数量均在9项及以上，占比均在1.44%及以上。从项目承担单位的属性来看，高等院校是统计学研究的主要阵地，承担项目数量排名前20的单位全部为高等院校。

（四）立项地区分布情况

对统计学学科立项地区的分析，可以考察2011至2020年间各地区统计学学科的学术科研能力及发展状况，表3-59对统计学学科的立项地区分布情况做了统计。

表3-59　统计学学科立项地区分布情况表

序号	地区	数量（项）	占比（%）	序号	地区	数量（项）	占比（%）
1	北京	72	11.50	17	四川	15	2.40
2	浙江	60	9.58	18	山西	14	2.24
3	广东	39	6.23	19	重庆	13	2.08
4	湖南	39	6.23	20	安徽	12	1.92
5	江苏	37	5.91	21	吉林	12	1.92
6	湖北	33	5.27	22	贵州	11	1.76
7	辽宁	32	5.11	23	云南	9	1.44
8	江西	31	4.95	24	新疆	6	0.96
9	天津	26	4.15	25	广西	5	0.80
10	福建	22	3.51	26	内蒙古	5	0.80
11	河南	21	3.35	27	黑龙江	3	0.48
12	陕西	19	3.04	28	宁夏	2	0.32
13	山东	18	2.88	29	海南	1	0.16
14	河北	16	2.56	30	青海	1	0.16
15	上海	16	2.56	31	西藏	0	0.00
16	甘肃	15	2.40				

如表3-59所示，除港澳台以外的31个省（市、自治区）均有立项，平均每个地区19.52项。北京和浙江分别排名第一、第二，立项数量分别为72项和60项，占比分别为11.50%和9.58%，这两个地区处于第一梯队；广东、湖南、江苏、湖北、辽宁、江西、天津、福建、河南等地区的立项数量均高于平均立项数量，处于第二梯队；陕西、山东、河北等地区的立项数量均低于平均立项数量，处于第三梯队。

（五）立项题目分析

将2011至2020年的统计学学科立项题目进行整理后，运用“图悦”软件进行分析，得出统计学国家社科基金项目热词词频分布表（表3-60）及热词权重图（图3-80）。

表3-60　统计学国家社科基金项目热词词频分布表

序　号	1	2	3	4	5	6	7	8	9	10
关键词	测度	中国	数据	模型	经济	评价	大数据	核算	方法研究	金融
词　频	129	91	86	77	76	75	55	47	44	41
权　重	1.00	0.93	0.92	0.90	0.89	0.89	0.83	0.80	0.78	0.77

图3-80　统计学国家社科基金项目热词权重图

如表3-60和图3-80所示，“测度”出现了129次，权重值为1.00，其字号最大也最为明显；“中国”出现了91次，权重值为0.93；其次是“数据”“模型”“经济”“评价”“大数据”“核算”“方法研究”“金融”。这些词语在权重图中都能被明显地标识出来，反映出国家社科基金项目中统计学学科的关注热点。

三、发展趋势与研究热点

通过对2011至2020年国家社科基金统计学学科项目基本情况的分析，可以得到以下结论。

1. 统计学在国家社科基金的23个学科中属于小学科，立项数量少，且立项占比低。通过对统计学的立项数量和立项占比情况进行分析可以看出，近年来统计学学科的立项数量和立项占比总体呈上升趋势，说明统计学研究越来越受到国家的关注与重视。但目前统计学学科的立项占比仅为1.58%，仍需进一步加大关注和支持力度。

2. 从项目承担单位情况可以看出，统计学学科的项目承担单位主要是高等院校。承担项目数量排名前20的单位全部为高等院校，而在高等院校中，财经类大学占了较大的比例，如东北财经大学、浙江财经大学等。

3. 从立项地区分布情况可以看出，统计学国家社科基金项目主要出现在经济发达地区，如北京、浙江、广东等，而经济欠发达地区的立项数量则较少。

4. 通过对统计学国家社科基金项目热词词频分布及热词权重进行分析可以看出，关于某领域的统计"测度"研究是近年来统计学学科的研究热点。从研究对象角度来看，对"金融""经济"等领域的研究是广大学者关注的重点。从研究方法角度来看，运用"大数据"的研究分析方法是当前的主流方法。

第二十一节　图书馆·情报与文献学

一、引言

图书馆·情报与文献学其实并不是一个学科，而是三个学科，它是一个宽泛的概念和松散的结合，三个学科之间既相互区分，又相互联系。

通过对以往文献进行分析和整理，已有部分学者从国家社科基金立项的角度对图书馆·情报与文献学学科进行分析研究。赵蕊菡采用词频分析和主题分析的方法对2015至2019年国家社科基金图书馆学学科领域科研项目的立项情况进行分析，揭示了我国图书馆学领域的研究热点、特征及发展趋势，为图书馆·情报与文献学学科的研究和发展提供了参考；廖嘉琦采用网络调查和统计分析的方法，对2014至2018年国家社科基金立项的情报学项目进行了分析，调研梳理出情报学的研究动态和研究热点，总结了情报学研究的发展趋势；张蒙等从国家社科基金项目数据库中对图书馆·情报与文献学领域的相关项目标题进行信息爬取，使用武汉大学研发的ROSTCM6对文本进行分词处理，再使用Cite Space生成可视化知识图谱，直观地了解图书馆·情报与文献学学科项目申报的主题演进与热点前沿趋势。

二、国家社科基金项目立项概况

从立项数量与占比情况、立项类型与占比情况、项目承担单位情况、立项地区分布情况、立项题目等方面对2011至2020年国家社科基金图书馆·情报与文献学学科的立项情况进行统计分析和客观描述。

（一）各年度立项数量统计与占比分析

通过数据收集与整理，共得到1575项与图书馆·情报与文献学学科相关的国家社科基金项目。按照年度顺序进行排列，得出了图书馆·情报与文献学国家社科基金项目立项数量分布图（图3-81）。

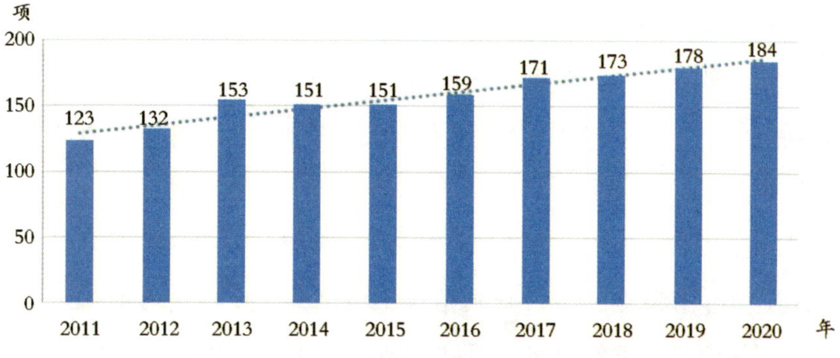

图3-81　图书馆·情报与文献学国家社科基金项目立项数量分布图

如图3-81所示，2011至2020年，图书馆·情报与文献学学科的立项数量总体呈上升趋势。2011至2013年，立项数量从123项增至153项；2014年和2015年的立项数量较2013年有所下降，均为151项；2016至2020年，立项数量逐年上升，2020年的立项数量是近年来的最高值，为184项。

图3-82 图书馆·情报与文献学国家社科基金项目立项占比图

如图3-82所示，2011至2020年，图书馆·情报与文献学学科的立项占比呈波段下降趋势。2011至2017年，立项占比在3.04%至3.19%间波动；自2018年开始，立项占比降至3.00%以下，2018年的立项占比为2.99%，2019年的立项占比为2.82%，2020年的立项占比为2.89%。

（二）各项目类型立项数量统计及占比分析

图书馆·情报与文献学学科的立项项目分布于国家社科基金的重点项目、一般项目、青年项目、西部项目、后期资助项目、中华学术外译项目、成果文库等类型，2011至2020年图书馆·情报与文献学国家社科基金各项目类型立项数量与占比情况如图3-83所示。

据图3-83可知，在7个项目类型中，一般项目为主要的立项类型，立项数量为828项，占比为52.57%；其次是青年项目，立项数量为429项，占比为27.24%；西部项目、重点项目、后期资助项目的立项数量分别为117项、101项、86项，占比分别为7.43%、6.41%、5.46%；成果文库和中华学术外译项目的立项数量仅有个位数，占比均不足1.00%。

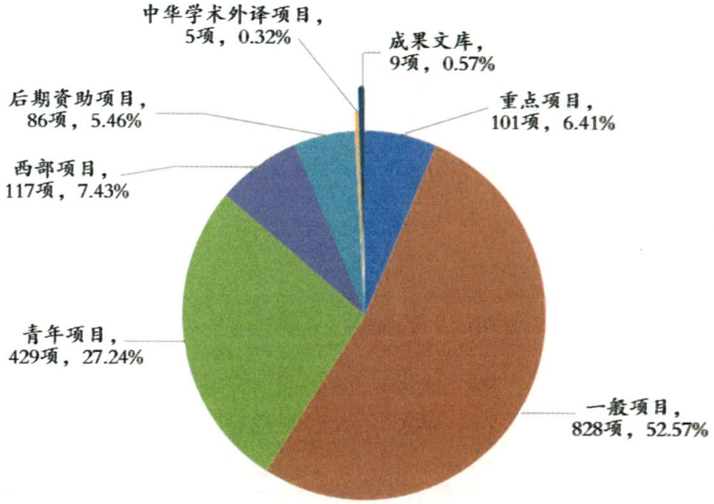

图3-83　图书馆·情报与文献学国家社科基金各项目类型立项数量与占比情况图

（三）项目承担单位情况

通过对图书馆·情报与文献学学科项目承担人所在单位进行统计分析，按照承担项目数量从多到少的顺序进行排列，选取排名前30的单位制作了图书馆·情报与文献学学科项目高频承担单位分布情况表（表3-61）。

表3-61　图书馆·情报与文献学学科项目高频承担单位分布情况表

序号	单位	数量（项）	占比（%）	序号	单位	数量（项）	占比（%）
1	武汉大学	47	2.98	8	湘潭大学	28	1.78
2	南京大学	43	2.73	9	中国科学技术信息研究所	28	1.78
3	中山大学	34	2.16	10	安徽大学	25	1.59
4	北京大学	34	2.16	11	郑州大学	24	1.52
5	上海大学	33	2.10	12	四川大学	24	1.52
6	中国人民大学	30	1.90	13	河北大学	23	1.46
7	华中师范大学	30	1.90	14	黑龙江大学	21	1.33

续表

序号	单位	数量（项）	占比（%）	序号	单位	数量（项）	占比（%）
15	国家图书馆	20	1.27	23	北京师范大学	14	0.89
16	南京农业大学	20	1.27	24	吉首大学	14	0.89
17	华东师范大学	19	1.21	25	郑州航空工业管理学院	12	0.76
18	中国科学院	18	1.14	26	山东大学	12	0.76
19	吉林大学	17	1.08	27	西藏大学	12	0.76
20	山东理工大学	17	1.08	28	华南师范大学	11	0.70
21	南开大学	16	1.02	29	山西大学	11	0.70
22	天津师范大学	15	0.95	30	云南大学	11	0.70

如表3-61所示，从排名前30的项目承担单位分布情况来看，武汉大学排名第一，共承担了47项，占比为2.98%；南京大学排名第二，共承担了43项，占比为2.73%；中山大学和北京大学排名第三，均承担了34项，占比均为2.16%；其余单位承担项目的数量均在11项及以上，占比均在0.70%及以上。从项目承担单位的属性来看，高等院校是图书馆·情报与文献学研究的主要阵地，承担项目数量排名前30的单位中有27所高等院校。除此之外，中国科学技术信息研究所、国家图书馆、中国科学院等单位也承担了部分项目。

（四）立项地区分布情况

对图书馆·情报与文献学学科立项地区的分析，可以考察2011至2020年间各地区图书馆·情报与文献学学科的学术科研能力及发展状况，表3-62对图书馆·情报与文献学学科的立项地区分布情况做了统计。

表3-62 图书馆·情报与文献学学科立项地区分布情况表

序号	地区	数量（项）	占比（%）	序号	地区	数量（项）	占比（%）
1	江苏	176	11.17	17	甘肃	28	1.78
2	北京	152	9.65	18	陕西	28	1.78
3	上海	108	6.86	19	重庆	26	1.65
4	湖北	106	6.73	20	广西	25	1.59
5	广东	81	5.14	21	西藏	24	1.52
6	河南	70	4.44	22	贵州	22	1.40
7	湖南	68	4.32	23	福建	21	1.33
8	浙江	59	3.75	24	山西	20	1.27
9	山东	54	3.43	25	辽宁	19	1.21
10	四川	51	3.24	26	宁夏	19	1.21
11	黑龙江	49	3.11	27	青海	18	1.14
12	天津	46	2.92	28	江西	17	1.08
13	安徽	41	2.60	29	内蒙古	15	0.95
14	吉林	34	2.16	30	海南	7	0.44
15	河北	33	2.10	31	新疆	6	0.38
16	云南	32	2.03				

如表3-62所示，除港澳台以外的31个省（市、自治区）均有立项，平均每个地区46.94项。江苏、北京、上海、湖北排名前4，立项数量分别为176项、152项、108项、106项，占比分别为11.17%、9.65%、6.86%、6.73%，这4个地区处于第一梯队；广东、河南、湖南、浙江、山东、四川、黑龙江等地区的立项数量均高于平均立项数量，处于第二梯队；天津、安徽、吉林等地区的立项数量均低于平均立项数量，处于第三梯队。

（五）立项题目分析

将2011至2020年的图书馆·情报与文献学学科立项题目进行整理后，运用“图悦”软件进行分析，得出图书馆·情报与文献学国家社科基金项目热词词频分布表（表3-63）及热词权重图（图3-84）。

表3-63 图书馆·情报与文献学国家社科基金项目热词词频分布表

序号	1	2	3	4	5	6	7	8	9	10
关键词	图书馆	知识	档案	资源	文献	模式	网络	数据	创新	建设
词频	222	158	129	127	126	117	114	103	102	102
权重	1.00	0.94	0.90	0.90	0.90	0.88	0.88	0.86	0.86	0.86

图3-84图书馆·情报与文献学国家社科基金项目热词权重图

如表3-63和图3-84所示，“图书馆”出现了222次，权重值为1.00，其字号最大最也为明显；“知识”出现了158次，权重值为0.94；其次是“档案”“资源”“文献”“模式”“网络”“数据”“创新”“建设”。这些词语在权重图中都能被明显地标识出来，反映出国家社科基金项目中图书馆·情报与文献学学科的关注热点。

三、发展趋势与研究热点

通过对2011至2020年国家社科基金图书馆·情报与文献学学科项目基本情况的分析，可以得到以下结论。

1. 在国家社科基金的23个学科中，图书馆·情报与文献学学科属于中小学科，其立项数量及立项占比均处于中等偏下水平。通过对图书馆·情报与文献学学科的立项数量和立项占比情况进行分析可以看出，近年来，图书馆·情报与文献学学科的立项数量总体呈上升趋势，但立项占比却呈波段下降趋势，到2020年，立项占比仅为2.89%。从立项类型分布情况可以看出，图书馆·情报与文献学学科中一般项目和青年项目的占比较大，其余各项目类型的占比较低。总体来说，未来需要进一步加大对图书馆·情报与文献学学科的关注与支持力度。

2. 从项目承担单位情况可以看出，图书馆·情报与文献学学科的国家社科基金项目主要分布在高等院校、科研机构、公共图书馆，其中高等院校承担项目的数量最多，占比最高。

3. 从立项地区分布情况可以看出，图书馆·情报与文献学学科项目的分布具有分散性和集中性。其分散性表现在除港澳台外的31个省（市、自治区）均有立项，集中性表现在立项数量多的单位大多位于经济发达的地区，且第一梯队和第二梯队的11个地区共承担了61.84%的项目。

4. 通过对图书馆·情报与文献学国家社科基金项目热词词频分布及热词权重进行分析可以看出，首先，对“图书馆”的相关研究一直都是图书馆·情报与文献学学科在国家社科基金中的立项热点，对“图书馆”的研究主要集中在馆藏“资源”的“建设”。其次，图书馆·情报与文献学学科的关注热点还有对“知识”产权、“知识”服务、“知识”管理、“知识”传播等相关内容的研究。此外，对“档案”学、“文献”学的研究，以及基于大数据（“网络”“数据”）环境的研究也是近年来图书馆·情报与文献学学科关注的热点问题。

第二十二节 体育学

一、引言

1996年7月，经全国哲学社会科学规划领导小组批准，体育学被纳入国家哲学社会科学基金，为当时的第十九个一级学科，与其他学科相比，体育学的纳入时间较晚。

通过对以往文献进行分析和整理，已有部分学者从国家社科基金立项的角度对体育学学科进行分析研究。李垂坤等借助文献计量和内容分析的方法，从项目的立项时间、立项数量、立项类型、地区分布、学科分布及主题信息等方面对1997至2019年的体育类国家社科基金项目进行了分析，并通过Cite Space软件对项目的主题词进行可视化分析，勾勒出热词主题与内容的变化；贾岩等采用文献资料法、文献计量分析、数理统计和逻辑分析等方法，对1997至2018年国家社科基金体育学项目数据进行了分析，系统梳理了项目的总体情况、发展特征和存在的问题；李琳琳以1997至2018年国家社科基金中有关农村体育问题的项目为研究对象，从立项项目的类别与数量、地域分布、单位所属系统、负责人情况、主题内容、研究成果等方面进行了统计分析；崔北坤对国家社科基金体育学学科设立至今的民族传统体育立项情况进行了统计分析；刘玉恒等对国家社科基金资助的有关羽毛球的项目进行了统计分析，揭示了我国羽毛球领域国家社科基金的立项特征与热点。

二、国家社科基金项目立项概况

从立项数量与占比情况、立项类型与占比情况、项目承担单位情况、立项地区分布情况、立项题目等方面对2011至2020年国家社科基金体育学学科的立项情况进行统计分析和客观描述。

（一）各年度立项数量统计与占比分析

通过数据收集与整理，共得到1457项与体育学学科相关的国家社科基金项目。按照年度顺序进行排列，得出了体育学国家社科基金项目立项数量分布图（图3-85）。

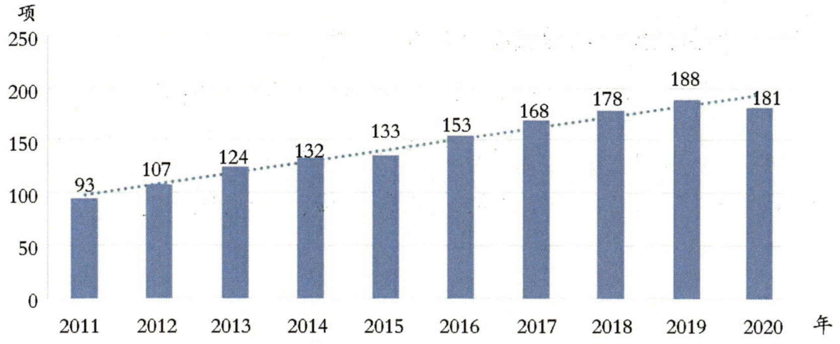

图3-85 体育学国家社科基金项目立项数量分布图

如图3-85所示，2011至2020年，体育学学科的立项数量总体呈上升趋势。2011至2019年，立项数量处于持续上升的状态，从93项增至188项；2020年的立项数量稍有回落，为181项。

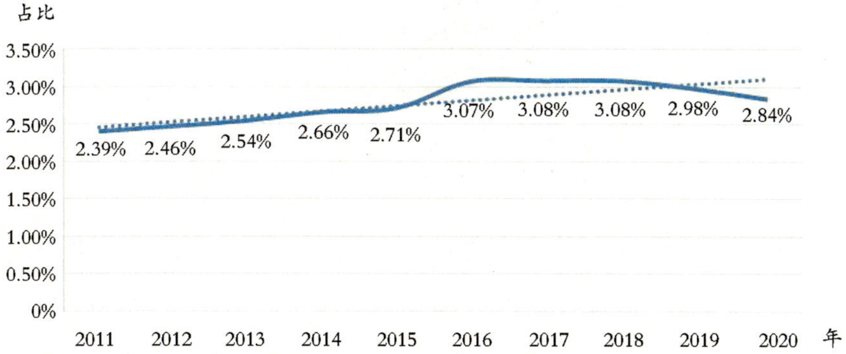

图3-86 体育学国家社科基金项目立项占比图

如图3-86所示，2011至2020年，体育学学科的立项占比呈先升后降的趋势。2011至2018年，立项占比从2.39%升至3.08%，其中2016年的立项占比增幅最大，较2015年增长了0.36%；2019年和2020年的立项占比稍有回落，分别为2.98%和2.84%。

（二）各项目类型立项数量统计与占比分析

体育学学科的立项项目分布于国家社科基金的重点项目、一般项目、青年项目、西部项目、后期资助项目、中华学术外译项目、成果文库等类型，2011至2020年体育学国家社科基金各项目类型立项数量与占比情况如图3-87所示。

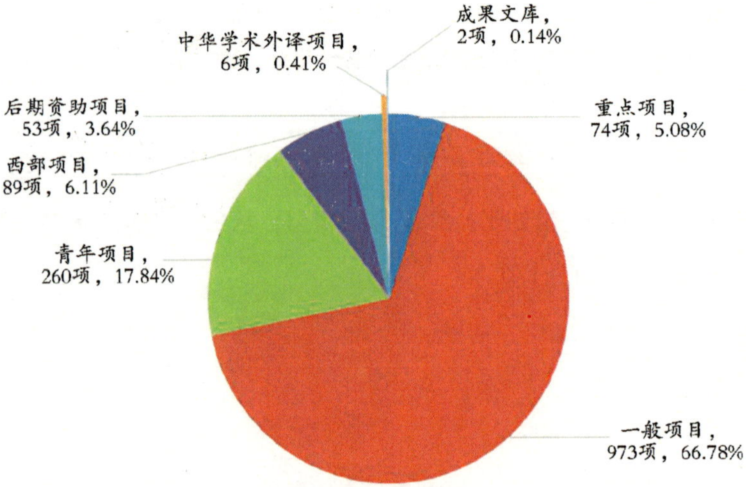

图3-87 体育学国家社科基金各项目类型立项数量与占比情况图

据图3-87可知，在7个项目类型中，一般项目为主要的立项类型，立项数量为973项，占比为66.78%；其次是青年项目，立项数量为260项，占比为17.84%；西部项目、重点项目、后期资助项目的立项数量分别为89项、74项、53项，占比分别为6.11%、5.08%、3.64%；中华学术外译项目和成果文库的立项数量仅有个位数，占比均不足1.00%。

（三）项目承担单位情况

通过对体育学学科项目承担人所在单位进行统计分析，按照承担项目数量从多到少的顺序进行排列，选取排名前30的单位制作了体育学学科项目高频承担单位分布情况表（表3-64）。

表3-64　体育学学科项目高频承担单位分布情况表

序号	单位	数量（项）	占比（%）	序号	单位	数量（项）	占比（%）
1	上海体育学院	55	3.77	17	华南师范大学	15	1.03
2	北京体育大学	50	3.43	18	江西师范大学	15	1.03
3	成都体育学院	43	2.95	19	曲阜师范大学	15	1.03
4	武汉体育学院	39	2.68	20	广州体育学院	14	0.96
5	天津体育学院	25	1.72	21	河南大学	14	0.96
6	苏州大学	24	1.65	22	国家体育总局	14	0.96
7	沈阳体育学院	24	1.65	23	宁波大学	14	0.96
8	福建师范大学	23	1.58	24	浙江师范大学	14	0.96
9	安徽师范大学	21	1.44	25	新疆师范大学	13	0.89
10	吉首大学	21	1.44	26	清华大学	12	0.82
11	首都体育学院	20	1.37	27	华南理工大学	12	0.82
12	西安体育学院	20	1.37	28	东北师范大学	12	0.82
13	华东师范大学	18	1.24	29	吉林体育学院	12	0.82
14	河南师范大学	16	1.10	30	山东师范大学	12	0.82
15	华中师范大学	16	1.10	31	浙江大学	12	0.82
16	南京体育学院	16	1.10				

如表3-64所示，从排名前30的项目承担单位分布情况来看，上海体育学院排名第一，共承担了55项，占比为3.77%；北京体育大学排名第二，共承担了50项，占比为3.43%；成都体育学院排名第三，共承担了43项，占比为2.95%；其余单位承担项目的数量均在12项及以上，占比均在0.82%及以上。从项目承担单位的属性来看，高等院校是体育学研究的主要阵地，承担项目数量排名前30的单位中有30所高等院校，其中发挥重要作用的是体育类院校。除此之外，国家体育总局也承担了部分项目。

（四）立项地区分布情况

对体育学学科立项地区的分析，可以考察2011至2020年间各地区体育学学科的学术科研能力及发展状况，表3-65对体育学学科的立项地区分布情况做了统计。

表3-65 体育学学科立项地区分布情况表

序号	地区	数量（项）	占比（%）	序号	地区	数量（项）	占比（%）
1	北京	122	8.37	17	重庆	31	2.13
2	江苏	116	7.96	18	天津	28	1.92
3	上海	105	7.21	19	云南	28	1.92
4	湖北	94	6.45	20	山西	26	1.78
5	广东	83	5.70	21	广西	24	1.65
6	湖南	82	5.63	22	新疆	23	1.58
7	山东	80	5.49	23	甘肃	22	1.51
8	四川	76	5.22	24	河北	19	1.30
9	浙江	75	5.15	25	贵州	18	1.24
10	辽宁	61	4.19	26	黑龙江	16	1.10
11	河南	59	4.05	27	青海	14	0.96
12	福建	45	3.09	28	西藏	12	0.82
13	江西	44	3.02	29	海南	9	0.62
14	陕西	40	2.75	30	宁夏	9	0.62
15	吉林	33	2.26	31	内蒙古	6	0.41
16	安徽	32	2.20				

如表3-65所示，除港澳台以外的31个省（市、自治区）均有立项，平均每个地区46.19项。北京、江苏、上海排名前3，立项数量分别为122项、116项、105项，占比分别为8.37%、7.96%、7.21%，这3个地区处于第一梯队；湖北、广东、湖南、山东、四川、浙江、辽宁、河南等地区的立项数量均高于平均立项数量，处于第二梯队；福建、江西、陕西等地区的立项数量均低于平均立项数量，处于第三梯队。

（五）立项题目分析

将2011至2020年的体育学学科立项题目进行整理后，运用“图悦”软件进行分析，得出体育学国家社科基金项目热词词频分布表（表3-66）及热词权重图（图3-88）。

表3-66　体育学国家社科基金项目热词词频分布表

序　号	1	2	3	4	5	6	7	8	9	10
关键词	体育	文化	中国	健康	传统	公共	创新	治理	理论	青少年
词　频	975	245	233	125	123	115	95	90	89	86
权　重	1.00	0.80	0.79	0.70	0.70	0.69	0.66	0.66	0.65	0.65

图3-88　体育学国家社科基金项目热词权重图

如表3-66和图3-88所示，“体育”出现了975次，权重值为1.00，其字号最大也最为明显；“文化”出现了245次，权重值为0.80；其次是“中国”“健康”“传统”“公共”“创新”“治理”“理论”“青少年”。这些词语在权重图中都能被明显地标识出来，反映出国家社科基金项目中体育学学科的关注热点。

三、发展趋势与研究热点

通过对2011至2020年国家社科基金体育学学科项目基本情况的分析，可以得到以下结论。

1. 体育学学科发展较晚，在国家社科基金的23个学科中属于中小学科，其立项数量和立项占比均处于中等偏下水平。通过对体育学学科的立项数量进行分析可以看出，立项数量从2011年的93项增至2019年的188项，表明体育学学科正在蓬勃发展。从各项目类型情况可以看出，一般项目和青年项目的立项数量占有绝对优势。

2. 从项目承担单位情况可以看出，高等院校是体育学研究的主要阵地，特别是体育类院校占有重要位置，承担项目数量排名前5的单位全部为体育类院校，承担项目数量排名前30的高等院校中有超过三分之一为体育类院校。

3. 从立项地区分布情况可以看出，体育学学科的立项地区分布呈现东西部不均衡的特征。第一梯队和第二梯队的11个地区全部位于经济发达的东部地区，立项占比达到了65.42%，而西部经济欠发达地区的立项占比仅为32.88%。

4. 通过对体育学国家社科基金项目热词词频分布和热词权重进行分析可以看出，近年来，“传统”体育、体育“文化”、体育“公共”服务、“健康”中国等都是广大学者关注的热点。从研究对象角度来看，对“青少年”的研究多于其他群体，表明“青少年”是体育学研究的热点人群。

第二十三节　管理学

一、引言

管理学是一门研究管理规律、探讨管理方法、建构管理模式、取得最大管理效益的学科。每年管理学的立项数量都是国家社科基金中最多的，是国家社科基金的重要学科之一。

通过对以往文献进行分析和整理，从国家社科基金立项的角度对管理学学科进行分析研究的成果不多。汪桥红基于2010至2014年间的国家社科基金管理学立项项目进行了统计分析，对管理学研究成果的学术影响力进行了相应的评价，并基于关键词分布对相应的研究热点进行了探究；田时中等对国家社科基金资助的管理学研究项目的立项数量、立项区域、立项单位、预期研究成果等进行了统计分析，发现目前的研究呈现三大特点，一是研究数量稳步上升，重点项目有待突破，二是研究区域覆盖面广，但呈现结构性失衡，三是高等院校是管理学研究的主阵地，其他研究主体的研究积极性有待增强；张泽洪对1992至2013年国家社科基金立项的卫生管理类项目从项目类别、学科分类、项目名称、立项时间、项目负责人、项目负责人的职称、单位类别、单位所在地区等方面进行了统计分析。

二、国家社科基金项目立项概况

从立项数量与占比情况、立项类型与占比情况、项目承担单位情况、立项地区分布情况、立项题目等方面对2011至2020年国家社科基金管理学学科的立项情况进行统计分析和客观描述。

（一）各年度立项数量统计与占比分析

通过数据收集与整理，共得到4131项与管理学学科相关的国家社科基金项目。按照年度顺序进行排列，得出了管理学国家社科基金项目立项数量分布图（图3-89）。

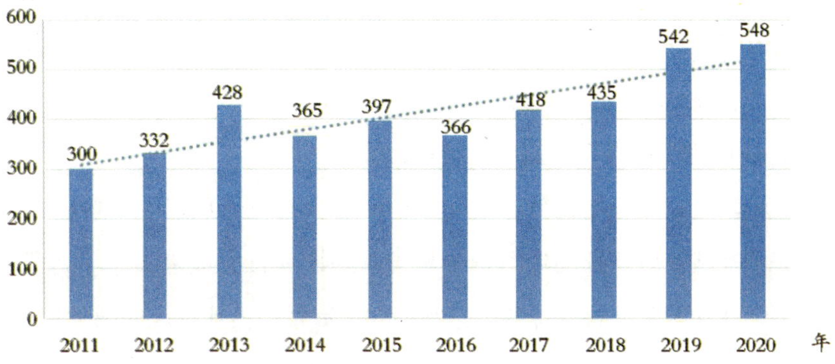

图3-89　管理学国家社科基金项目立项数量分布图

如图3-89所示，2011至2020年，管理学学科的立项数量总体呈上升趋势。2011至2013年，立项数量从300项增至428项；2014至2016年，立项数量呈先升后降的趋势，从365项增至397项，后降至366项；2017至2020年，立项数量处于持续上升的趋势，2020年的立项数量是近年来的最高值，为548项。

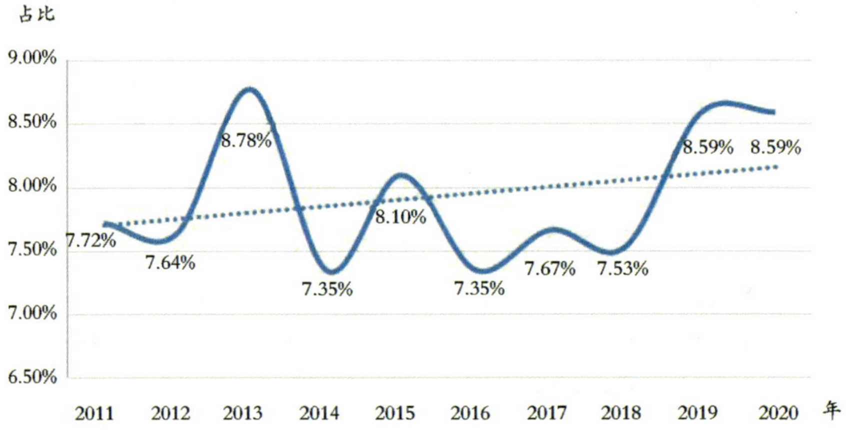

图3-90 管理学国家社科基金项目立项占比图

如图3-90所示，2011至2020年，管理学学科的立项数量在23个学科中的占比较高，且波动较大，呈现一年升一年降的趋势。2011年的立项占比为7.72%；2012年的立项占比降至7.64%；2013年的立项占比增幅较大，增至8.78%；2014年的立项占比降幅较大，降至7.35%；2015年的立项占比再次超过了8.00%，达到8.10%；2016至2018年，立项占比在7.50%上下波动；2019年和2020年的立项占比均达到了8.59%。

（二）各项目类型立项数量统计与占比分析

管理学学科的立项项目分布于国家社科基金的重点项目、一般项目、青年项目、西部项目、后期资助项目、中华学术外译项目、成果文库等类型，2011至2020年管理学国家社科基金各项目类型立项数量与占比情况如图3-91所示。

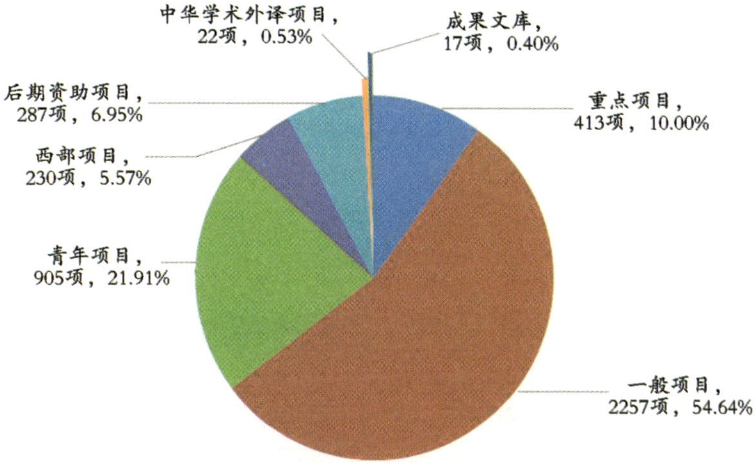

图3-91 管理学国家社科基金各项目类型立项数量与占比情况图

据图3-91可知，在7个项目类型中，一般项目为主要的立项类型，立项数量为2257项，占比为54.64%；其次是青年项目，立项数量为905项，占比为21.91%；重点项目的立项数量为413项，占比为10.00%；后期资助项目和西部项目的立项数量分别为287项和230项，占比分别为6.95%和5.57%；中华学术外译项目和成果文库的立项数量较少，占比较低。

（三）项目承担单位分布情况

通过对管理学学科项目承担人所在单位进行统计分析，按照承担项目数量从多到少的顺序进行排列，选取排名前50的单位制作了管理学学科项目高频承担单位分布情况表（表3-67）。

如表3-67所示，从排名前50的项目承担单位分布情况来看，浙江工商大学排名第一，共承担了47项，占比为1.14%；首都经济贸易大学、大连理工大学、山东财经大学排名第二，均承担了46项，占比均为1.11%；中国社会科学院排名第三，共承担了40项，占比为0.97%；其余单位承担项目的数量均在20项及以上，占比均在0.48%及以上。从项目承担单位的属性来看，高等院校是管理学研究的主要阵地。除此之外，中国社会科学院也承担了部分项目。

表3-67 管理学学科项目高频承担单位分布情况表

序号	单位	数量（项）	占比（%）	序号	单位	数量（项）	占比（%）
1	浙江工商大学	47	1.14	27	南京审计大学	26	0.63
2	首都经济贸易大学	46	1.11	28	西安交通大学	26	0.63
3	大连理工大学	46	1.11	29	华东师范大学	26	0.63
4	山东财经大学	46	1.11	30	西南财经大学	26	0.63
5	中国社会科学院	40	0.97	31	浙江财经大学	26	0.63
6	中南财经政法大学	39	0.94	32	福州大学	25	0.61
7	浙江大学	39	0.94	33	武汉理工大学	25	0.61
8	重庆大学	38	0.92	34	北京师范大学	24	0.58
9	华中师范大学	36	0.87	35	江西财经大学	24	0.58
10	对外经济贸易大学	35	0.85	36	华中农业大学	23	0.56
11	中山大学	35	0.85	37	常州大学	23	0.56
12	南京财经大学	34	0.82	38	南昌大学	23	0.56
13	重庆工商大学	33	0.80	39	天津大学	23	0.56
14	东北财经大学	32	0.77	40	清华大学	22	0.53
15	济南大学	32	0.77	41	中央财经大学	22	0.53
16	上海交通大学	32	0.77	42	国防科技大学	22	0.53
17	四川大学	32	0.77	43	山西财经大学	22	0.53
18	南开大学	32	0.77	44	同济大学	22	0.53
19	浙江工业大学	32	0.77	45	安徽财经大学	21	0.51
20	中国人民大学	31	0.75	46	广东外语外贸大学	21	0.51
21	华侨大学	30	0.73	47	河南财经政法大学	21	0.51
22	华南理工大学	30	0.73	48	南京航空航天大学	21	0.51
23	江苏大学	30	0.73	49	华东理工大学	21	0.51
24	武汉大学	28	0.68	50	广州大学	20	0.48
25	北京工商大学	27	0.65	51	华南农业大学	20	0.48
26	河海大学	26	0.63	52	河北工业大学	20	0.48

续表

序号	单位	数量（项）	占比（%）	序号	单位	数量（项）	占比（%）
53	河南大学	20	0.48	56	山东大学	20	0.48
54	东南大学	20	0.48	57	重庆理工大学	20	0.48
55	江西师范大学	20	0.48				

（四）立项地区分布情况

对管理学学科立项地区的分析，可以考察2011至2020年间各地区管理学学科的学术科研能力及发展状况，表3-68对管理学学科的立项地区分布情况做了统计。

表3-68 管理学学科立项地区分布情况表

序号	地区	数量（项）	占比（%）	序号	地区	数量（项）	占比（%）
1	北京	432	10.46	17	安徽	73	1.77
2	江苏	386	9.34	18	河北	65	1.57
3	浙江	285	6.90	19	广西	54	1.31
4	湖北	279	6.75	20	贵州	50	1.21
5	上海	269	6.51	21	甘肃	48	1.16
6	广东	212	5.13	22	新疆	42	1.02
7	山东	203	4.91	23	山西	35	0.85
8	湖南	176	4.26	24	黑龙江	34	0.82
9	重庆	161	3.90	25	云南	33	0.80
10	四川	158	3.82	26	吉林	29	0.70
11	辽宁	134	3.24	27	海南	28	0.68
12	陕西	134	3.24	28	内蒙古	17	0.41
13	河南	124	3.00	29	青海	15	0.36
14	福建	120	2.90	30	宁夏	14	0.34
15	天津	110	2.66	31	西藏	13	0.31
16	江西	89	2.15				

如表3-68所示，除港澳台以外的31个省（市、自治区）均有立项，平均每个地区123.29项。北京和江苏分别排名第一、第二，立项数量分别为432项和386项，占比分别为10.46%和9.34%，这两个地区处于第一梯队；浙江、湖北、上海、广东、山东、湖南、重庆、四川、辽宁、陕西、河南等地区的立项数量均高于平均立项数量，处于第二梯队；福建、天津、江西等地区的立项数量均低于平均立项数量，处于第三梯队。

（五）立项题目分析

将2011至2020年的管理学学科立项题目进行整理后，运用“图悦”软件进行分析，得出管理学国家社科基金项目热词词频分布表（表3-69）及热词权重图（图3-92）。

表3-69 管理学国家社科基金项目热词词频分布表

序 号	1	2	3	4	5	6	7	8	9	10
关键词	机制研究	创新	治理	路径	模式	中国	政策	机理	协同	政府
词 频	753	599	521	362	358	338	312	247	241	217
权 重	1.00	0.97	0.94	0.89	0.89	0.88	0.87	0.83	0.83	0.81

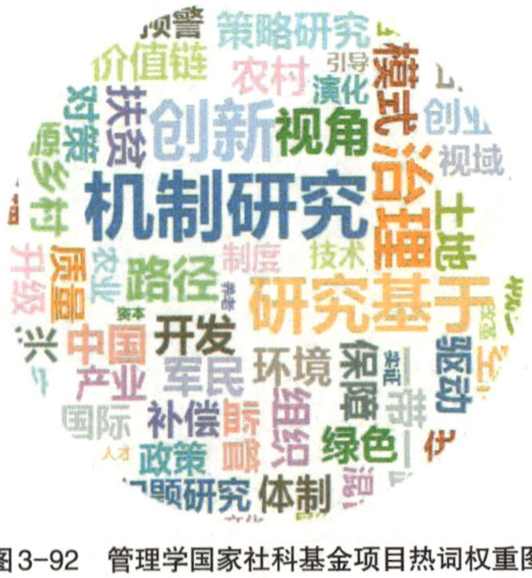

图3-92 管理学国家社科基金项目热词权重图

如表3-69和图3-92所示，“机制研究”出现了753次，权重值为1.00，其字号最大也最为明显；“创新”出现了599次，权重值为0.97；其次是“治理”“路径”“模式”“中国”“政策”“机理”“协同”“政府”。这些词语在权重图中都能被明显地标识出来，反映出国家社科基金项目中管理学学科的关注热点。

三、发展趋势与研究热点

通过对2011至2020年国家社科基金管理学学科项目基本情况的分析，可以得到以下结论。

1. 管理学在国家社科基金的23个学科中属于大学科，无论是立项数量还是立项占比均处于较高水平，这与国家长期对管理学的支持是密不可分的。在社会科学领域加强对管理学理论与实践的研究，与中国经济社会管理面临的复杂形势密切相关，这就使得管理学在国家社会科学研究中占有一定的优势。

2. 从项目承担单位情况可以看出，管理学的研究主要分布在高等院校，承担项目数量排名前50的57个单位中有56所高等院校，而高等院校中的重点院校及经济类院校承担了大部分项目，这说明国家社科基金中的管理学类侧重于资助研究我国经济、政治、文化、社会和公共管理实践中的应用对策性课题。除高等院校外，中国社会科学院也承担了部分项目，在管理学的研究中也发挥着重要作用。

3. 从立项地区分布情况来看，除港澳台外的31个省（市、自治区）均有立项，这说明管理学学科在全国范围内都受到了重视和关注。但第一梯队和第二梯队的13个地区的立项数量共2953项，占比为71.46%，超过总立项数量的三分之二，这在一定程度上反映出了管理学学科存在着区域发展不均衡的问题。

4. 通过对管理学国家社科基金项目热词词频分布及热词权重进行分析可以看出，管理学范畴内的“机制研究”、“模式”研究、“政策”研究、“机理”研究是广大学者研究的热点问题。此外“创新”研究也是众多学者关注的另一个热点，这与我国实施的建设创新型国家战略是相辅相成的。

后　记

本书以国家社科基金为视角，分析了当前各学科的发展趋势与研究热点。首先，介绍了国家社科基金的发展历程，从20世纪80年代国家社科基金的设立、20世纪90年代国家社科基金的发展、21世纪国家社科基金的繁荣3个阶段进行了阐述。其次，从立项数量情况、各项目类型立项数量与趋势、各项目类型立项数量占比情况、各地区立项数量分布情况、各学科立项数量分布情况等5个方面对国家社科基金的立项情况进行了总体分析。再次，从立项数量与占比情况、立项类型与占比情况、项目承担单位情况、立项地区分布情况、立项题目等角度对23个学科进行了逐一分析。

通过分析可以得知，各学科在各自发展的同时，也反映出了我国哲学社会科学学科发展的共同特点。一是哲学社会科学越来越受到重视，这一点无论是从立项数量还是从资助力度上都不难看出。习近平总书记在哲学社会科学工作座谈会上提到：坚持和发展中国特色社会主义，必须高度重视哲学社会科学，结合中国特色社会主义伟大实践，加快构建中国特色哲学社会科学。近年来，哲学社会科学学科的发展正是践行了习近平总书记的要求。二是哲学社会科学研究的繁荣程度与地区的经济发展情况密切相关，如经济发达的东部地区拥有资源优势、人才优势、地域优势，所以其哲学社会科学研究的繁荣程度就会高一些，而经济相对落后的中西部地区的哲学社会科学研究的繁荣程度就要低一些。从管理者的角度来看，今后要进一步加大对中西部地区哲学社会科学研究的支持力度。三是学科研究热点与国家导向同步，这也说明了国家社科基金的导向作用非常明显，广大学者纷纷着眼于有关加强经济社会发展等重大问题的研究。

笔者在撰写本书的过程中参考了大量有关方面的书籍和文献，在此向这些书籍和文献的作者及相关学者表示衷心的感谢。好友李艳平、刘天用、孙琳在本书的撰写过程中亦给予了很大帮助，在此一并表示感谢。

本书是笔者结合自己多年来的科研管理工作经验，再经过整理创作而成的学术研究成果。但因个人能力和研究水平有限，在研究和分析的过程中仍存在一定的缺陷，如对学科发展趋势进行研究时过度依赖项目立项数据、对学科热点进行分析时过度依赖关键词、国家社科基金的中标项目并不能代表学科的学术研究全貌等，对于本书中的不足之处，希望各位学者批评指正。

参考文献

[1] 陈维军．文献计量法与内容分析法的比较研究[J]．情报科学，2001(8):884—886.

[2] 安京．国家社会科学基金会简况[J]．中国科学基金，1989(4):51—54.

[3] 马存勇，王永斌．国家社科基金项目视角下西部地区马克思主义理论学科研究进展——基于2009—2018年国家社科基金立项的数据分析[J]．兰州交通大学学报，2020(3):167—174.

[4] 王军．基于国家社科基金项目的高校马克思主义理论学科发展现状分析[J]．思想教育研究，2017(2):33—37.

[5] 黄华伟．基于国家社科基金项目的马克思主义．科学社会主义学科发展状况[J]．科技管理研究，2011(10):209—212.

[6] 连鑫，王文昌．国家社科基金视角下我国马列·科社学科研究现状分析科技管理研究[J]．经济师，2016(10):19—21.

[7] 沈楠．“国家社科基金项目之党史党建课题”研究综述[J]．党史博采，2020(6):43—46，49.

[8] 张永汀，刘风才．国家社科基金视角下党史党建学科研究状况分析——基于1993—2012年国家社科基金立项数据的量化分析[J]．理论与改革，

2014(1):186—192.

[9] 朱丹浩，王东波，华康. 国家社科基金哲学领域项目成果及热点分析——以1991—2015年所立项目及论文成果为研究对象[J]. 西南民族大学学报(人文社科版)，2016(5):235—240.

[10] 殷雪，刘伟民，吕国光. 哲学国家社科基金项目立项课题研究[J]. 陇东学院学报，2011(3):109—113.

[11] 邓宗莲. 基于国家社科基金的哲学研究计量分析[J]. 科教导刊，2011(5):240—241.

[12] 张平，苏金燕. 国家社科基金：经济学学科发展的有力引擎[N]. 中国社科学报，2013-10-09.

[13] 张俊瑞，王鹏. 国家社科基金应用经济学科资助项目统计分析[J]. 软科学，2008（6）：82—87，8.

[14] 魏崇辉，徐梦萍. 2012—2019年国家社科基金政治学立项项目的现状、热点与趋势[J]. 创新，2020(5):24—36.

[15] 李振. 从国家社会科学基金立项项目看中国政治学科发展状况——基于1993—2008年国家社科基金政治学类立项项目的分析[J]. 社会科学管理与评论，2010(1):59—66，111—112.

[16] 邢旭，邢鹏飞. 从国家社科基金项目透视中国政治学研究现状与趋势[J]. 常州大学学报（社会科学版），2017(2):37—44.

[17] 张永汀. 国家社科基金视角下我国政治学科研究状况分析——1993—2012年国家社科基金立项数据的量化分析[J]. 理论与改革，2013(3):194—200.

[18] 朱慧劼，风笑天. 国家社科基金社会学类项目研究趋势与成果评价分析(1991—2016)[J]. 中国社科科学评价，2019(1):116—124，44.

[19] 党苗苗，庞丽锄. 近二十二年来我国社会学科研究状况分析——基于1994—2015年国家社科基金立项的量化分析[J]. 现代交际，2016(24):82—83.

[20] 徐俊，风笑天. 近十年来中国社会学研究进展——基于国家社科基金

立项的统计分析[J]. 北京社会科学，2014(9):118—124.

[21] 黄谷香，方堃. 从国家社科基金看法学知识生产格局的变迁（1995—2014)[J]. 理论月刊，2016(6):114—119，146.

[22] 常安. 从国家社科基金立项项目看法学研究状况——一种知识社会学的视角[J]. 现代法学，2006(2):174—185.

[23] 刘燕. 我国法学学科研究现状——以2011—2018年国家社会科学基金项目为视角[J]. 新西部，2019(26):131—132，122.

[24] 张永汀. 国家社科基金视角下国际问题研究状况分析——基于1999—2011年国家社科基金国际问题研究立项的量化分析[J]. 北京教育学院学报，2012(2):31—38.

[25] 时培磊. 中国史学史学科的研究趋势与发展走向——以近十年国家社会科学基金立项为视角[J]. 史学理论研究，2021(2):114—123，159—160.

[26] 董明，鲁志翔. 中国史学科对自然灾害、生态环境和社会变迁的关注和研究——以近20年国家社科基金立项项目为例[J]. 阜阳师范学院学报（社会科学版)，2014(1):116—120.

[27] 董明. 国家社科基金世界历史学科立项项目统计与分析[J]. 社科学科论坛，2010(19):150—156.

[28] 王晓华，董明. 国家社科基金考古学学科立项项目统计与分析[J]. 延边党校学报，2010(6):33—36.

[29] 毛慧. 从国家社科基金“考古学”立项课题谈考古学科建设[N]. 中国文物报，2015-09-25.

[30] 王小霞. 国家社科基金近十年民族学项目计量分析研究[J]. 文化创新比较研究，2020(35):4—6.

[31] 王小霞. 基于高频词量化分析的民族问题研究热点分析——以近十年国家社科基金民族问题研究项目为例[J]. 南方论坛，2021(1):29—30，41.

[32] 王小霞. 基于社科基金项目学科类别数据特征的民族问题研究热点分

析[J]. 科技资讯，2021(3):213—215，221.

[33] 孟凯，王东波. 我国少数民族问题研究发展现状综论——基于国家社科基金项目（1991—2015）及其成果论文的计量分析[J]. 贵州民族研究，2017(1):162—167.

[34] 罗利群，刘伟民. 哲学社会科学基金项目立项课题计量统计分析——基于民族问题研究的视角[J]. 湖北民族学院学报（哲学社会科学版），2011(3):64—69.

[35] 裴振威. 2008—2019年国家社科基金宗教学立项课题分析报告[J]. 世界宗教文化，2019(5):98—105.

[36] 王玉琴. 国家社科基金宗教学学科资助项目数据统计与特点分析[J]. 社会科学管理与评论，2009(2):35—42.

[37] 王东波，孟凯. 近25年来我国道教研究的现状分析——基于国家社科基金项目（1991—2015）及其学术成果的研究[J]. 西南民族大学学报（人文社会科学版），2018(4):230—240.

[38] 周双丹，霍映霞，韩潇. 2015—2017年间国家社科基金中国现当代文学立项情况分析[J]. 年轻人·教育，2019(4):242—246.

[39] 周先超. 从国家社科基金立项看古代文学研究现状[J]. 重庆文理学院学报（社会科学版），2012(3):153—156.

[40] 丁帆，赵普光. 近年来中国现当代文学研究立项课题的分析报告——以2014—2016年国家社科基金和教育人文社科项目为例[J]. 当代作家评论，2017(3):17—25.

[41] 张剑锋. 新世纪我国英语文学研究发展轨迹——基于国家社科基金项目的定量分析[J]. 外国语文，2018(5):69—80.

[42] 闫洁. 基于语料库的国家社科基金外国文学立项热点分析[J]. 河南科技学院学报，2013(5):62—64.

[43] 陈秋玲. 我国外国文学研究现状及趋势分析——基于1993—2008年

国家社科基金项目的统计分析[J]. 新乡学院学报（社会科学版），2009(5)：112—114.

[44] 刘灏，李向农. 从2013—2018年国家社科基金语言学立项统计看语言学研究现状及发展趋势[J]. 红河学院学报，2019(5):67—70.

[45] 王凡菊. 国家社科基金2014—2018年外国语言学立项分析[J]. 海外英语，2019(20):99—100，126.

[46] 刘泽权，朱利利. 国家社科基金2013—2017年语言、文学类项目立项现状与态势[J]. 西安外国语大学学报，2018(4):19—24.

[47] 于云晴. 国家社会科学基金重大项目语言学发展及趋势——基于2011—2015年数据分析[J]. 河北经贸大学学报（综合版），2016(4):46—50.

[48] 张世渊. 国家社科基金"西部项目"语言学发展趋势及研究热点分析[J]. 成都大学学报（社会科学版），2016(2):100—106.

[49] 杨迎春. 我国新闻传播学科的发展动向和格局审视——基于2015—2019年国家社科基金项目的统计分析[J]. 出版广角，2020(12):33—35.

[50] 储敏. 我国乡村传播学研究现状分析——基于2000—2019年国家社科基金立项数据统计[J]. 新闻研究导刊，2019(18):66—67.

[51] 崔钰杭. 云南省少数民族新闻传播研究现状分析——以2000—2019年国家社科基金立项项目为例[J]. 采写编，2021(3):134—136.

[52] 陈芳. 2010年以来国家社会科学基金人口学立项情况分析[J]. 科教文汇，2018(12):35—36.

[53] 董明. 国家社科基金人口学学科立项项目统计与分析[J]. 西北人口，2010(6)59—63，69.

[54] 任媛，赵晓萍. 国家社科基金统计学科立项项目统计与分析[J]. 中国统计，2017(5):62—64.

[55] 王飞，梁继文. 基于国家社科基金统计学领域项目成果分析[J]. 西南民族大学学报（人文社科版），2017(9):230—234.

[56] 韩兆洲，安康．我国统计学发展导向研究——基于国家社科基金项目的统计分析[J]．统计研究，2008(5)：3—10．

[57] 王飞，梁继文．基于国家社科基金统计学领域项目成果分析[J]．西南民族大学学报（人文社科版），2017(9)：230—234．

[58] 张蒙，刘春艳．2012—2018年国家社会科学基金项目图书馆、情报与文献学学科热点可视化分析[J]．图书馆研究与工作，2020(10)：33—36，48．

[59] 李垂坤．国家社会科学基金体育学项目文献计量学及可视化分析(1997—2019)[J]．湖北体育科技，2021(3)：189—194．

[60] 贾岩，张波．国家社科基金体育学（1997—2018）项目发展特征研究[J]．中国冶金教育，2021(1)：121—124．

[61] 李琳琳，李广明．近十年我国国家社科基金体育学立项分析[J]．体育科技文献通报，2018(10)：48—50，60．

[62] 崔北坤，陈威，孟薇．我国民族传统体育在国家社科基金立项分析[J]．淮北师范大学学报（自然科学版），2018(3)：55—60．

[63] 汪桥红．近年来管理学研究的热点与评价：基于国家社科基金项目的讨论[J]．学海，2015(6)：79—82．

[64] 田时中，曾伟，郭晓伟．中国管理学学科研究现状评估——以国家社会科学基金立项项目为分析数据[J]．湖北行政学院学报，2014(1)：37—40．

[65] 张泽洪．卫生管理类国家社科基金资助项目的统计分析[J]．科技管理研究，2015（7）：52—57．